Der Epheserbrief

Der Epheserbrief

Eine biblische Betrachtung und Arbeitshilfe für Kleingruppen von

Tilo Linthe

Impressum

ISBN: 978-9-403-64949-8
Verlagsportal: meinbestseller.de
Gedruckt in Deutschland

Inhaltsverzeichnis

Vorwort

Diese Heftreihe ist aus der langjährigen Beschäftigung mit der Bibel entstanden. Als Pastor hat der Autor unzählige Gesprächsabende zur Bibel geleitet. Wichtigstes Anliegen war ihm, die Texte in unsere heutige Zeit zu übertragen und den Menschen, die sie lesen, eine Hilfe an die Hand zu geben, mit der man über sie ins Gespräch kommen kann.

Gleichzeitig sollen die Erkenntnisse der modernen Bibelwissenschaft in die Diskussion einfließen. Nicht um ihrer selbst willen, sondern vor allem dort, wo sie zu einem besseren Verständnis der Texte und ihrer Übertragung in unsere heutige Lebenswelt beitragen. Der Autor versucht sich hier einer einfachen und allgemein verständlichen Sprache zu bedienen, was in den komplexen theologischen Überlegungen nicht immer einfach ist.

Der Aufbau ist anders als üblich. Die Fragen und Gesprächsanregungen sind direkt in die Erläuterungen eingestreut, um zwischendurch immer wieder zur eigenen Auseinandersetzung und Diskussion anzuregen. Auf diese Weise kann man als Kleingruppe das Heft gemeinsam „durcharbeiten“, ohne dass sich jemand in stundenlanger Kleinarbeit vorbereiten muss. Man liest gemeinsam den Bibeltext, betet und geht direkt in die jeweilige Einheit des Abends.

Der Abdruck des gesamten Bibeltextes in einer modernen Übersetzung ist aufgrund der urheberrechtlichen Bestimmungen nicht möglich. Alle Zitate stammen aus der Lutherbibel von 2017.

Hauptquelle für die Auslegung ist der Kommentar zum Epheserbrief von Michael Gese. Er ist in der Reihe: „Die Botschaft des Neuen Testaments“ im Neukirchener Verlag 2013 erschienen.

Diese Hefte verstehen sich als praktische Hilfe, um über die Dinge ins Gespräch zu kommen, über die man heute kaum noch redet: Welchen Sinn hat das Leben? Warum und wozu gibt es den Menschen, die Natur, unsere ganze Welt? Wer sind wir ohne die Äußerlichkeiten, über die wir uns für gewöhnlich definieren? Kurz: Die Hefte wollen eine Anregung sein, sich darüber Gedanken zu machen, was dem Leben Reichtum und Fülle verleiht.

0 Einführung

Epheser 1,1-2

Der Anfang des Epheserbriefes lautet so:

„1 Paulus, Apostel Christi Jesu durch den Willen Gottes, an die Heiligen in Ephesus, die an Christus Jesus glauben: 2 Gnade sei mit euch und Friede von Gott, unserm Vater, und dem Herrn Jesus Christus!"
Epheser 1,1-2

Bevor man sich mit dem Inhalt eines Textes befasst, macht man sich ganz selbstverständlich Gedanken darüber, wie man ihn einzuordnen hat. Das tun wir ganz unbewusst mit jedem Text, den wir lesen. Ein Text, der als Ereignisbericht in einer Zeitung erscheint, lesen wir anders, als eine Kurzgeschichte in einem Science-Fiction-Sammelband. Ein Sachbuch über den Klimawandel ist etwas anderes als ein Kriminalroman. In vielen Fällen interessiert uns, in welchem Umfeld ein Text entstanden ist: Wann wurde er von wem geschrieben? In anderen Fällen wollen wir wissen, welches Anliegen der Autor mit seinem Buch verfolgt.

Genau diese Fragen sind es, die in der modernen Bibelwissenschaft an den Text gestellt werden. Sie helfen, den Text und sein Anliegen besser zu verstehen.

Ephesus

Zunächst einige Gedanken zum Ort, der diesem Brief seinen Namen gegeben hat: Ephesus war Sitz des Römischen Statthalters der Provinz Kleinasien, also Hauptstadt dieser Region. Mit ca. 200.000 Einwohnern war sie auch eine der größten Städte des Römischen Reiches. Sie war schon früher als griechische Polis, also als selbstständiger Stadtstaat von Bedeutung. Das liegt an der für den Handel günstigen Lage direkt am Meer. (Die Ausgrabungsstätte 70 km südlich von Izmir liegt heute ein paar Kilometer vom Strand entfernt.) Der Handel brachte viele Menschen aus verschiedensten Kulturen und Religionen zusammen. In Ephesus stand der Tempel der Artemis, der als eines der sieben antiken Weltwunder galt. Im Rahmen des Kaiserkultes wurden Tempel für die Kaiser Augustus, Vespasian und Hadrian erbaut. Ephesus war ein Schmelztigel unterschiedlichster Kulturen und religiöser Vorstellungen. Menschen aus allen Teilen des Römischen Imperiums lebten hier. Das hatte natürlich Einfluss auf die Gemeinde und sorgte nicht nur für Buntheit, sondern auch für Konflikte, auf die Paulus im Brief auch eingeht.

Paulus war auf seiner dritten Missionsreise längere Zeit in Ephesus tätig und baute hier eine Gemeinde auf. Es kam zum Aufruhr, der den Missionar zwang, zu fliehen und nach Mazedonien weiterzureisen. In der Apostelgeschichte (Apg 19) kann man die Ereignisse nachlesen.

Der antike Brief

Im Orient wurde vor 2.000 Jahren Papyrus als Material zum Beschreiben verwendet. In trockenen Gegenden wie Ägypten oder dem Vorderen Orient waren diese Schriftstücke sehr haltbar. Plinius d. Ältere beschreibt im 1. Jh. n. Chr. die Herstellung: Das Mark der Pflanzenstängel wird in Streifen geschnitten und überlappend und über Kreuz nebeneinander gelegt. Festgeklopft und plattgedrückt entsteht daraus ein Blatt, das sich bemalen und beschreiben lässt.

Die einzelnen Blätter konnten zusammengeklebt und eingerollt werden. Auf die Außenseite wurden Absender und Adressat vermerkt. Auf diese Weise konnten auch längere Briefe wie z. B. der Römerbrief verfasst und unversehrt an ihren Bestimmungsort gebracht werden.

Ein Brief ist heute in seiner Form sehr festgelegt, vor allem Behördenbriefe: Absender, Adressat, Datum, Überschrift, Begrüßung, Inhalt, Schluss, Unterschrift. In der Antike gab es diese Konventionen auch. Es gab einen Briefkopf (Präskript) mit Absender, Adressat und

Grußformel. Das sind hier die ersten beiden Verse. Der Schreiber benennt und grüßt die Leser und stellt sich selbst vor. Danach folgte ein Vorwort (Proömium), das i. d. R. etwas Positives über den Adressaten aussagt. Dieses Vorwort leitet zum Inhalt des Briefes, also zum Briefkorpus über. Paulus teilt den Inhalt bei jedem seiner Briefe in einen lehrhaften und einen ermahnenden Teil. Am Ende steht der Briefschluss, der bei Paulus meist persönliche Grüße an einzelne Gemeindeglieder enthält.

Es gibt nur wenige Briefe, in denen Paulus mit diesen Konventionen bricht. Dann hat er gute Gründe dafür. So verzichtet er in seinem Brief an die Galater auf das positive Vorwort und kommt sofort zur Sache. Der Grund: Die Galater stehen in der Gefahr, die errungene Freiheit zugunsten einer zweifelhaften Sicherheit im jüdischen Gesetz aufzugeben.

Der Epheserbrief enthält alle wichtigen Teile des antiken Briefes, wie sich im Aufbau zeigen wird.

Wer schreibt?

Diese Frage scheint schnell beantwortet zu sein: Im ersten Vers heißt es explizit, dass Paulus den Brief verfasst hat. Trotzdem wird der eine oder andere davon gehört haben, dass es sogenannte „echte" und „unechte" Paulusbriefe gibt. An dieser Stelle soll exemplarisch dargestellt werden, wie man zu einer solchen Schlussfolgerung kommt, denn der Epheserbrief gehört zu den „unechten" Paulusbriefen. Folgende Gründe lassen Zweifel an einer Verfasserschaft durch Paulus aufkommen:

Zunächst fällt auf, dass der Autor sehr unpersönlich und neutral schreibt. Es werden nicht, wie sonst bei Paulus üblich, einzelne Gemeindeglieder mit Namen erwähnt und gegrüßt. Aber gerade in Ephesus muss Paulus viele persönliche Beziehungen gehabt haben, weil er mindestens zwei Jahre dort gelebt und die Gemeinde gegründet hat. Der Brief erweckt aber den Eindruck, als würde der Autor die Gemeinde gar nicht kennen. In Eph 1,15 hat der Autor lediglich vom Glauben der Gemeinde in Ephesus *gehört.* Umgekehrt hat die Gemeinde in Eph 3,2 davon *gehört*, welches Amt Paulus von Gott bekommen hat.

Hinzu kommt, dass Sprache und Schreibstil vollkommen anders sind, als z. B. im Römerbrief oder den Korintherbriefen. Im Epheserbrief finden sich 35 Wörter, die nur hier vorkommen und sonst nirgends im Neuen Testament.

Für Paulus ist die Rechtfertigungslehre zentral. Er legt großen Wert darauf, dass allein der Glaube an Jesus Christus rettet und eine Befolgung des jüdischen Gesetzes nicht notwendig ist. Diese zentrale Botschaft fehlt im Epheserbrief komplett. Es geht eher um die Bewahrung der Einheit der Christen – das ist ein Thema, das erst in späteren Generationen wichtig wurde.

Als letztes ist die Gemeindestruktur anders, als von Paulus früher geschildert. In Eph 4,11 wird eine Liste der Ämter angeführt, die z. B. keine charismatisch geprägten Gaben enthält. Wundertäter, Heilungsbegabte und Zungenredner tauchen hier gar nicht auf, obwohl sie im 1. Kor 12 eine wichtige Rolle spielen.

Diese Zweifel und die inhaltliche Nähe zum Kolosserbrief führen zu der Annahme, dass es in Ephesus eine Paulusschule gab, die seine Theologie weiterentwickelt hat. Sie fühlten sich ganz in der Tradition ihres großen Lehrmeisters und übernahmen seinen Namen, um ihrer Schrift und ihrem Anliegen die nötige Autorität zu verleihen. Sie verstanden ihre Ausführungen nicht als ihre eigenen Gedanken, sondern als die Fortsetzung dessen, was Paulus mit seiner Missions- und Lehrtätigkeit begonnen hat. Deshalb vermutet man sogar, dass der Epheserbrief in Ephesus entstanden sein könnte.

Diese für uns befremdlich klingende Praxis, bedeutende Namen als Verfasser eigener Schriften auszugeben, war damals nicht unüblich. Das nennt man Pseudepigraphie. Damals gab es kein „Recht am geistigen Eigentum“. Außerdem war das Verfassen von Schriften/Briefen meist

Gemeinschaftsarbeit von Autorengruppen, die keinen persönlichen Anspruch auf Wahrung ihrer Rechte auf geistiges Eigentum erhoben.

Diese Gründe sind gewichtig, ins Zweifeln über die Verfasserschaft zu kommen. Es gibt aber auch Argumente, die für eine Verfasserschaft des Paulus ins Feld geführt werden:

Paulus könnte im Laufe der Jahre seine theologischen Schwerpunkte und seine Art zu schreiben verändert haben. Jemand, der in jungen Jahren ein Buch schreibt, kann im Alter ganz andere Auffassungen vertreten und einen ganz anderen Schreibstil entwickeln. Die Vertreter einer echten Verfasserschaft durch Paulus sind der Meinung, Paulus könnte diesen Brief während seiner Gefangenschaft in Rom geschrieben haben.

An wen wurde wann geschrieben?

Die Frage, an wen geschrieben wurde, scheint schnell beantwortet zu sein: In Eph 1,1 steht ja, dass sich der Brief an die Christen in Ephesus richtet. Leider gibt es auch hier ein Problem: In den ältesten Handschriften, die man vom Epheserbrief gefunden hat, fehlt diese Angabe. Man vermutet auch wegen des unpersönlichen Stils, dass der Brief als Rundschreiben gedacht war, das sich an die paulinischen Gemeinden in Kleinasien richtet. Da Ephesus das wirtschaftliche Zentrum Kleinasiens war und dort eine florierende Gemeinde existierte, dürfte Ephesus das erste Ziel gewesen sein mit der Motivation, ihn von dort an die anderen Gemeinden weiterzureichen.

Wenn sich der Brief an die paulinischen Gemeinden in Kleinasien richtete, dürften die Zuhörer hauptsächlich Heidenchristen gewesen sein, also Christen, die aus einem nichtjüdischen Umfeld stammten. Die Leser sollen in Eph 2,11 daran denken, dass sie einst *Heiden* waren und in Eph 4,17 sollen sie nicht mehr wie *Heiden* leben. Unser Autor macht im Eph 2 das Verhältnis zwischen Juden und Heiden zum Thema und mahnt im Eph 4 zur Einheit in der Gemeinde. Das deutet darauf hin, dass es Probleme im Verhältnis zwischen christusgläubigen Juden und Heidenchristen gab.

Die Entstehungszeit des Briefes lässt sich nur ungefähr bestimmen. Wenn man der Hypothese folgt, dass eine Paulusschule den Brief geschrieben hat, nimmt man einen Zeitraum zwischen 80 und 90 n. Chr. an. Sollte Paulus den Brief selbst geschrieben haben, muss er vor 64 n. Chr. entstanden sein.

In diesem Heft wird der Einfachheit halber die Bezeichnung „Autor" oder „Paulus" verwendet.

Der Inhalt

Worum geht es zusammengefasst im Epheserbrief? Was ist das Thema?

In den ersten drei Kapiteln wird entfaltet, dass sich der Glaube an Jesus Christus darin zeigt, dass man sich zur Gemeinde hält. Sie ist der „Türöffner" zum Heil Gottes für die ganze Welt. Das gilt aber nicht nur allein vor Ort als kleine Gemeinschaft, sondern alle Gemeinden bilden eine Einheit der Offenbarung Gottes in der ganzen Welt. Die Kirche als Ganzes ist das Tor zur Erlösung für alle, die sich zu ihr halten.

Dieser Anspruch des Verfassers ist sehr hoch, wenn man bedenkt, dass sich die Christen meist in kleinen Hauskreisen in Wohnhäusern getroffen haben, während die großen heidnischen Religionen durch staatliche Finanzierung unterstützt prachtvolle Tempel besaßen, die ihren Hoheitsanspruch unterstrichen. Der Tempel der Artemis war ein beeindruckender Gegenbeweis dafür. Trotzdem behauptet der Autor, dass all diese äußerlich sichtbaren Zeugnisse nichts bedeuten. Allein die christliche Religion führt zum Heil.

Das ist aber nicht alles. Es reicht nicht, sich „nur" zu einer Gemeinde zu halten, um gerettet zu werden. Der Glaube zeigt sich auch im persönlichen Verhalten. Deshalb liegt der Schwerpunkt im zweiten Teil des Briefes in den Kapiteln vier bis sechs darauf, wie man als Christ lebt.

Hier werden ethische Vorgaben gemacht.

Auffällig ist die inhaltliche und sprachliche Nähe zum Kolosserbrief. Beide Briefe führen von der Theorie in die Praxis, von der Lehre zur Verantwortung. Gott hat uns das Heil geschenkt. Deshalb müssen die Erlösten nun dieses Heil durch ihr eigenes Verhalten in ihrer Umgebung in praktische Konsequenzen und ein vorbildliches Leben übersetzen. Sie sollen das, was sie als richtig erkannt haben, nun auch in ihrem Umfeld vorleben.

In der folgenden Tabelle ist eine Übersicht über den Inhalt des Briefes mit den jeweils wichtigsten Themen zusammengestellt:

1,1-2	**Briefkopf**
1,3-23	**Vorwort: Lobpreis, Dank und Fürbitte**
2,1-3,21	**Die Einheit der Kirche**
2,1-10	Einstiges und jetziges Selbstverständnis der Glaubenden
2,11-22	Kirche aus Juden und Heiden
3,1-13	Der Apostel als Diener der Offenbarung
3,14-21	Fürbitte und Verherrlichung Gottes
4,1-6,9	**Das Leben in der einen Kirche**
4,1-16	Mahnung zur Einheit der Kirche
4,17-24	Der neue Mensch und sein Lebenswandel
4,25-5,20	Einzelermahnungen für den Alltag
5,21-6,9	Christliche Haustafel (Ordnet euch einander unter)
6,10-20	**Mahnung: Geistliche Waffenrüstung**
6,21-24	**Briefschluss**

Fazit

Der Epheserbrief setzt die Theologie des Paulus fort und entwickelt sie weiter. Sie ist nicht allein auf die Situation in der Gemeinde zugeschnitten, wie man es sonst von Paulus kennt, sondern allgemeiner gehalten. Das bestärkt die Vermutung, dass es sich um ein Rundschreiben handelt. Das ist auch für uns interessant, weil sich heute ähnliche Fragen stellen: Welchen Platz hat die Gemeinde in der Gesellschaft? Wie sollten sich Christen in dieser Welt verhalten? Der Epheserbrief beschreibt, worauf es in Gemeinde und Gesellschaft als Christ ankommt. Er will Hilfestellung und Richtschnur sein, wie sich Gemeinde den Herausforderungen ihrer je eigenen Zeit stellen kann, ohne ihre Herkunft und ihren grundlegenden Auftrag zu verlieren. Auf genau diese Fragen geben wir anhand der Texte des Epheserbriefes in den nächsten Einheiten nach und nach Antworten.

Hier ist Platz für Ihre eigenen Notizen.

1 Reich beschenkt

Epheser 1,3-14

Lesen Sie den Text!

Wenn man diese Zeilen liest, hat man das Gefühl, vor der Fassade eines überreich verzierten alten Wohnhauses zu stehen. Sie wirken prachtvoll und großartig aber auch überfordernd, die Sinne überflutend und reichlich überladen. Dieser Eindruck entsteht auch deshalb, weil diese Zeilen im Urtext einen einzigen verschachtelten Satz bilden. Man kann sich den Text erschließen mit folgender Frage:

- **Welche Worte stehen am Anfang? Was signalisieren sie?**

Paulus beginnt mit den Worten: „Gelobt sei Gott..." Wir befinden uns im Vorwort des Briefes. Paulus grüßt die Zuhörer, indem er Gott lobt. Es klingt fast wie ein Gebet. Die Christen können dankbar sein, dass sie zum Glauben an Gott gefunden haben. Das Wort „Gelobt" kommt in diesem Satz gleich dreimal vor. Es wird nur anders ins Deutsche übersetzt, nämlich mit „Segen". Schon im ersten Satz wird die enge Verbindung zwischen Gott und uns Menschen benannt: Gott segnet uns, oder anders formuliert: Gott *beschenkt* uns. Das ist der Grund, Gott zu loben.

- **Was bedeutet Segen für Sie? In welcher Situation haben Sie sich gesegnet gefühlt?**

Der Vers drei ist die Überschrift und Zusammenfassung, was in den nächsten Versen genauer ausgeführt wird.

- **Was sagt der Text, wodurch wir gesegnet sind?**

Gott liebte uns, noch bevor wir auf diese Welt gekommen sind.

Denken Sie an die Geburt eines Kindes: Im Normalfall lieben die Eltern das Neugeborene vom ersten Augenblick, an dem sie von der Schwangerschaft erfahren. Sie bereiten alles für seine Ankunft in dieser Welt vor – und für diese Liebe und Fürsorge muss dieses Kind nichts leisten. Es reicht aus, dass es einfach da ist.

Aber woher wissen wir das? Wie können wir sicher sein, dass Gott uns wirklich liebt? Paulus sagt: „durch Jesus Christus." Wir lernen von diesem Mann aus Nazareth, seinem Leben und seinen Worten, dass wir Erwählte Gottes sind.

- **Was bedeutet Erwählung in Christus für Sie?**

Erlösung wird meist subjektiv verstanden: Jeder Einzelne muss eine persönliche Beziehung zu Jesus Christus haben, um das Heil zu erlangen. Das ist zwar nicht falsch, aber auch eine Engführung: Was ist mit der Gesellschaft, der Welt und der Natur? Auch sie sind erlösungsbedürftig. Die falsche Annahme einer „privaten Erlösung" macht unser Autor nicht. Im Vers Zehn versteht er sie als universell und kosmisch. Alles ist vom Christus erfüllt und von ihm abhängig, was zwischen Himmel und Erde ist. Der Christus verbindet nicht nur den Einzelnen mit Gott, sondern den gesamten Kosmos. Erlösung bedeutet also nicht nur, im Einklang mit Gott zu leben, sondern im Einklang mit der Welt und der uns umgebenden Natur. Hier sehen wir, wie weit wir vom christlichen Ideal noch entfernt sind.

- **Was bedeutet Erlösung für Sie? Wie könnte eine erlöste Welt aussehen?**

Stellen Sie sich vor, es klingelt an Ihrer Tür. Dort steht ein Notar und überreicht Ihnen ein gültiges Testament. Darin steht, dass Sie binnen Jahresfrist ein Vermögen von mehreren Millionen Euro erben werden. Das würde Ihre Sicht auf das Leben und Ihre Zukunft verändern.

Der Epheserbrief versteht die Christen als Erben eines Reichtums, der viel größer ist als Geld oder Edelsteine. Daraus ergeben sich zwei wichtige Konsequenzen:

1. Ein Erbe hat den Reichtum nicht selbst erarbeitet. Er bekommt ihn geschenkt. So ist es auch als Christ. Der Glaube ist kein Verdienst, sondern Geschenk. Das sollte demütig machen gegenüber den Menschen, die dieses Geschenk noch nicht erhalten haben, denn es liegt nicht in der eigenen Verfügungsgewalt.

2. Das Erbe steht auch bei uns Christen noch aus. Das Versprechen auf Heil und Erlösung ist ja noch nicht in Erfüllung gegangen. Besonders in Krisenzeiten fragt man sich, ob das alles stimmt, woran wir glauben. Der Verfasser ermutigt uns, die Hoffnung nicht fahren zu lassen und auf die Erfüllung hin zu leben.

- **Wo haben Sie vergeblich gehofft? Wo sind Hoffnungen in Ihrem Leben in Erfüllung gegangen?**

In Vers 13 ändert sich das Subjekt. Statt „wir“ heißt es jetzt „ihr“. Die Leser werden direkt angesprochen und in die Überlegungen des Autors einbezogen. Sie sind „versiegelt im Heiligen Geist“, der das „Unterpfand des Erbes“ ist. Das ist ein aus heutiger Sicht merkwürdiger Gedanke. Gemeint ist aber ein sehr einfacher Zusammenhang, der heute immer noch gilt: Wenn man ein Geschäft abschließt, muss man den Vertrag unterschreiben, damit er gültig wird. In besonderen Fällen wird man sich ein Dokument beglaubigen lassen, um die Echtheit und Wahrheit zu dokumentieren. Aber wie ist es im Glauben? Woher wissen wir, dass diese Zukunftshoffnung auf das Heil wirklich wahr ist? Wo gibt es die „Beglaubigung“ dafür? Paulus sagt, der Heilige Geist ist der Unterpfand dafür. Er vermittelt uns die Gewissheit des Glaubens und erneuert die Hoffnung in unseren Herzen. Der Glaube ist durch den Heiligen Geist verbürgt.

- **Wo haben Sie Gewissheit des Glaubens oder Hoffnung wider besseres Wissen erlebt?**

Exkurs: Erbschaft

Erbe zu sein, war in Israel etwas Besonderes. Der Landbesitz wurde von Generation zu Generation an den ältesten Sohn weitergegeben. Zugleich war die Weitergabe des Landbesitzes eine zutiefst religiöse Angelegenheit, denn sie bedeutete das Anrecht, im verheißenen Land zu wohnen. Dieser Gedanke wird im Epheserbrief ins Immaterielle gehoben: Jeder Christ erbt. Jedoch kein Stück Land hier auf der Erde, sondern ein „Stück Land" im Reich Gottes.

Exkurs: Vorherbestimmung

Das Wort „Vorherbestimmung" taucht gleich zweimal auf – in den Versen Fünf und Elf. Aus diesen Sätzen entwickelte sich die sogenannte Prädestinationslehre. Sie besagt, dass von vornherein festgelegt ist, wer zum Glauben an Jesus Christus kommen wird und wer nicht. Daraus schließen manche, dass Mission sinnlos sei, da ja alles bereits entschieden sei und man keinen Einfluss auf den Lauf der Dinge nehmen könne. Diese Vorstellung ist sehr mechanisch und geht davon aus, dass der Mensch kaum Freiheit zu eigenen Entscheidungen hat.

Gemeint ist hier allerdings etwas anderes:

1. Die Gnade Gottes gilt verlässlich! Man kann sich auf die Zusagen Gottes verlassen. Sie galten vor Grundlegung der Welt. Das ist nicht zeitlich sondern prinzipiell gemeint. Die Zusage Gottes ist eine Grundlage und Säule der Welt, in der wir leben. Sie steht so fest wie die Sonne an jedem neuen Morgen den neuen Tag einläutet. Das gilt auch für die Zukunft.

2. Die Gnade Gottes gilt ohne Bedingungen! Zuerst kommt die Zuwendung Gottes. Erst danach kommt alles andere. Das vorbildliche, heilige und untadelige Leben ist eine Konsequenz aus der erfahrenen Liebe. Diese Gnade Gottes ist so unerschütterlich wie die Welt selbst.

- **Wo haben Sie in Ihrem Leben Gottes Gnade erfahren? Geben Sie Beispiele.**

Hier ist Platz für Ihre eigenen Notizen.

2 Christus, der Herr über alles

Epheser 1,15-22

Lesen Sie den Text!

Nach dem Lobpreis Gottes folgt in diesem Abschnitt eine Danksagung. Wir befinden uns immer noch im Vorwort, an dessen Konvention sich der Autor dieses Briefes sehr genau hält. Paulus hat in seinen Briefen immer seiner Dankbarkeit für die Empfänger Ausdruck verliehen. Die einzige Ausnahme ist der Galaterbrief. Hier ist sie am paulinischen Dreiklang Glaube, Liebe, Hoffnung orientiert: Paulus hat von ihrem Glauben gehört, der Liebe untereinander und spricht von der Hoffnung, zu der sie berufen sind.

- **Wofür ist der Autor dankbar? Wofür können wir dankbar sein?**
- **Was wünscht sich der Autor für die Empfänger seines Briefes?**

Paulus spricht von der Liebe, die die Epheser zu „allen Heiligen“ haben. Diese Bezeichnung wirkt heute ein wenig befremdlich. Heilige kennen wir heute eher im Kontext der katholischen Kirche. Der Begriff „Heilige“ war früher die Selbstbezeichnung der Christen. Sie deutet einen tiefgreifenden Unterschied zu den anderen Religionen an: Nur wenn man einen Tempel betrat, verließ man den Bereich des Alltäglichen und Profanen. Über die Schwelle tretend kam man in den Bereich des Heiligen, also der Gottheit. Christen verstanden das anders: Sie brauchten keinen besonderen Ort, denn der besondere Ort Gottes ist das Herz des Menschen, in dem er selbst Wohnung nimmt. Der Tempel Gottes, sagt Paulus an anderer Stelle einmal, ist der Mensch selbst.

Die Epheser stehen in liebevoller Verbundenheit mit „allen Heiligen.“ Paulus blickt hier über den Horizont der Gemeinde in Ephesus und hat die Christen in ganz Kleinasien im Blick, vielleicht sogar in der ganzen Welt. Offenbar sehen sich die Epheser im übergeordneten Gefüge der gesamten Christenheit und wissen sich mit ihnen verbunden.

- **In welcher Weise sind Sie persönlich oder als Gemeinde mit anderen Christen Ihres Ortes oder darüber hinaus verbunden?**

Im Alten Testament bezeichnet man Gott oft als Gott Abrahams, Isaaks und Jakobs. Im Vers 17 benutzt der Autor eine ganz ähnliche Formel. Er spricht vom *„Gott unseres Herrn Jesus Christus"*. Mit dieser Formulierung macht er deutlich, dass sich etwas sehr Grundlegendes verändert hat. Er knüpft zwar an die alttestamentliche Tradition an, führt aber den Gottesnamen und seine Bedeutung über die Geschichte der Erzväter hinaus. Er will damit deutlich machen, dass es eine neue und wichtigere Geschichte gibt, nämlich die mit Jesus Christus. Diese Geschichte gilt es zu erkennen.

- **Welches ist für Sie das wichtigste Merkmal Gottes? Wie hat Gott mit Ihnen seine Geschichte geschrieben?**

Im Vers 18 wünscht Paulus den Ephesern *„erleuchtete Augen des Herzens"* und *„Hoffnung"* und dass sie *„erkennen, wie reich die Herrlichkeit des Erbes ist"*. Hier wird klar an den vorhergehenden Lobpreis angeknüpft, in dem diese Schlagworte schon gefallen sind. Neu sind die erleuchteten Augen des Herzens – ein sehr schönes Bild, das auch gern zitiert wird. Das Herz ist in unserer Vorstellung das Organ des Gefühls. Wir lieben und hassen mit dem Herzen. Diese Vorstellung stammt aus der Epoche der Romantik. In der Welt der Bibel ist das Herz die Mitte der Person. Hier treffen sich Gefühl und Rationalität und werden zu einer Einheit. Das Seelische und Körperliche, die Sehnsüchte und Wünsche werden im Herzen zusammengeführt. Erleuchtete Augen des Herzens heißt also, das Zentrum oder die Gesamtheit des eigenen Seins von Gott erleuchten zu lassen.

- **Wo und wie erkennen Sie Gott?**

- **Was erhoffen Sie sich von Ihrem Glauben für Ihr Leben?**

In den Versen 19 bis 21 spricht Paulus von der Kraft Gottes, die in unserem Leben wirkt. Im Alt-Griechischen gibt es vier Begriffe für Kraft. Alle vier kommen in diesen drei Versen vor. Das zeigt, wie wichtig ihm diese Wirksamkeit Gottes ist. Das ist auch nicht verwunderlich, weil es immer wieder Phasen im Leben gibt, in denen man daran zweifelt, dass Gott wirklich unsere Gebete erhört und verändernd eingreifen kann. Unsere Welt, so könnte man argumentieren, müsste doch ganz anders aussehen, wenn Gott wirklich Kraft hätte. Paulus betont: Die Kraft Gottes ist real, auch wenn man sie nicht unmittelbar sieht. Sie wird nicht sichtbar in den Dingen, die man tut. Sie wird sichtbar in den Beziehungen, die wir leben. Es kommt immer wieder vor, dass Menschen zum Guten verändert werden oder festgefahrene Konflikte sich plötzlich lösen. Zusammenfassen lässt sich diese Tatsache in der Auferweckung Jesu von den Toten: Neues Leben ist seitdem auch die Hoffnung für jeden „Heiligen“.

Die Vorstellung von der realen Kraft Gottes, die in dieser Welt wirksam wird, unterstützt Paulus in Vers 22 mit einem Bild. Alles ist unter Gottes Füße getan. Paulus denkt an einen Thronsaal, in dem sich der Untertan oder der besiegte Feind unter den Fuß des Herrschers beugen muss. Zur Rechten des Herrschers in diesem virtuellen Thronsaal sitzt Jesus Christus. Hier hat man an die israelitischen Könige zu denken, die im Tempel ihren Platz auf der rechten Seite des Allerheiligsten hatten. Symbolisch war das Allerheiligste der Thron, von dem Gott die Welt regiert. Der König zur rechten Seite war das ausführende Organ und regierte in dessen Auftrag. Paulus sagt, dass Jesus Christus Gottes Beauftragter ist – und der hat die Christen als seine Erben erwählt. Sie sollen den Willen Gottes in dieser Welt verwirklichen.

- **Wo haben Sie Gottes Kraft in Ihrem Leben erfahren? Wo ist Ihre Hoffnung gestärkt worden?**

Am Schluss das typisch paulinische Bild von Gemeinde: Christus ist das Haupt und die Gemeinde sein Leib. Es ist wichtig sich vor Augen zu halten, was dieses Bild vermitteln will: Hier steckt nicht nur die altbekannte Gabenorientierung drin. (Nicht jeder kann Hand sein. Es braucht auch Füße.) Sehr viel notwendiger ist der Blick auf die Bedeutung des Hauptes: Von hier wird alles gesteuert. Ohne das Haupt geht gar nichts. Es ist notwendig, sich immer wieder auf das Wesentliche zu besinnen: Gemeinde ist kein Selbstzweck. Sie versammelt sich um Jesus Christus als ihre Mitte. Er ist das verbindende und steuernde Element.

- **Denken Sie (gemeinsam) darüber nach, was es für Sie und Ihre Gemeinde heißt, dass Christus das Haupt und Sie der Leib sind.**

Hier ist Platz für Ihre eigenen Notizen.

3 Das neue Leben

Epheser 2,1-10

Lesen Sie den Text!

Hier haben wir einen der „Spitzentexte“ des Epheserbriefes vor uns. Die Verse wurden in der Wirkungsgeschichte immer wieder zitiert und auswendig gelernt. Viele Leser werden mindestens das Gefühl haben, diese Verse schon einmal gehört zu haben. Nähern wir uns dem Text mit folgender Frage:

- **Worin besteht für unseren Autor der Unterschied zwischen christlicher und heidnischer Existenz?**

Der Autor bietet seinen Hörern einen Vergleich an: Sie sollen sich überlegen, wie es früher für sie gewesen ist, als sie den Glauben noch nicht hatten, und was sich seitdem verändert hat. Er sagt: Früher wart ihr tot und jetzt lebendig. Natürlich ist diese Aussage im geistlichen Sinne zu verstehen. Wir wenden uns zunächst den ersten drei Versen zu, in denen der Autor davon spricht, wie es früher war. Die Zuhörer waren „tot“:

- **Was bedeutet für Sie, ohne den Glauben „tot“ zu sein?**

In den ersten drei Versen erläutert der Autor, dass die Epheser *„tot durch ... Übertretungen und Sünden“* waren. Es fällt auf, dass die Mehrzahl verwendet wird. Dadurch ist es verführerisch, den Begriff Sünde auf das Handeln oder Moral zu reduzieren: Wenn man im Supermarkt eine Tafel Schokolade stiehlt oder jemanden anbrüllt, ist das Sünde. Selbstverständlich sind diese Verhaltensweisen nicht richtig. Sünde ist aber ein Begriff, den Paulus viel umfänglicher versteht. Sünde erfasst die gesamte Existenz des Menschen und seine Verstrickung in die

Welt, aus der er sich nicht befreien kann. Vielleicht kann man den Begriff heute besser übertragen mit dem Wort *Unglück*. Sein größtes Unglück ist, dass er getrennt von Gott und in der Entfremdung zur ihn umgebenden Welt leben muss.

- **Diskutieren Sie den Begriff Sünde! Was sind die individuellen und strukturellen Auswirkungen von Sünde?**

Im ersten Vers gibt es eine Formulierung, die uns heute fremd anmutet. Da wird vom Mächtigen gesprochen, der in der Luft herrscht. Man gewinnt den Eindruck, als gäbe es nur zwei Möglichkeiten: Entweder man findet zum Glauben an Jesus Christus oder man ist in der Einflusssphäre des Satans.

In der Antike gab es keinen weltanschaulich neutralen Bereich. Das, was wir heute „säkular“ nennen, gab es nicht. Es gab auch keine Atheisten. An irgendeine Gottheit glaubte jeder – und wenn es die Sterne waren, die unser Schicksal lenken. Wenn man also kein Christ ist, so ist die Logik von Paulus, unterstellte man sich automatisch dem Einflussbereich einer anderen Macht. Paulus identifiziert diese Macht mit dem Satan, den er „den Mächtigen“ nennt. Er bekommt den niedrigsten Herrschaftsbereich, den Raum der Lüfte zugewiesen. Nach antiker Vorstellung gibt es Hierarchien der Herrschaftsbereiche. Die Luft ist der Bereich, der den Menschen zugänglich ist. Dazu gehören auch Mond, Planeten und Sterne. Darüber gibt es insgesamt sieben Sphären, in die der Himmel unterteilt ist. Diese Herrschaftsbereiche sind den Engeln vorbehalten. Deshalb spricht Paulus auch gern von den Himmeln – Mehrzahl. Die oberste und siebte Herrschaftssphäre ist der „Thronsaal Gottes“. Auch wenn uns diese Einteilung etwas naiv erscheint, steckt hier eine Wahrheit über die Wahrnehmung des Menschen von der Welt drin, die uns heute kaum noch bewusst ist: Wir sind nicht völlig frei. Wir leben immer unter dem Einfluss von gesellschaftlichen Kräften und Ideen, die wir nicht selbst bestimmen können. Ein vollkommen unabhängiges und selbstbestimmtes Leben bleibt eine Idealvorstellung.

Wenn wir heute unter tausend Möglichkeiten wählen können, wie wir unser Leben gestalten wollen, müssen wir uns für eine davon entscheiden. Sobald wir uns entschieden haben, sind uns die 999 anderen Möglichkeiten versperrt. Wir leben dann unter den Bedingungen und Abhängigkeiten, die diese Entscheidung uns auferlegt. In diesem Sinne ist die Vorstellung von Paulus sehr modern, dass man sich entscheiden muss, in welcher „Einflusssphäre" man sein Leben führen möchte. Für diese Tatsache müssen wir heute wieder ein Bewusstsein schaffen.

- **Welchen Einflüssen sind wir heute ausgeliefert? Welche gesellschaftlichen und ideologischen „Mächte" oder „Kräfte" bestimmen unser Leben?**

Unser Autor spricht schließlich von den Kindern des Ungehorsams und den Kindern des Zorns, zu denen auch die Leser früher gehörten. Paulus erläutert aber nicht, was sie getan haben oder welche Umstände dazu geführt haben, sie so zu bezeichnen.

- **Wie hat man die ungewöhnliche Bezeichnung „Kinder des Ungehorsams" zu verstehen? Was haben sie getan, um diese Bezeichnung zu verdienen?**

Es gibt die Ansicht, dass es das Böse an sich nicht gäbe. Nur Menschen rufen Böses hervor, indem sie Böses tun. Dieser Ansicht widerspricht der Epheserbrief mit dieser Bezeichnung. Man muss wohl unterscheiden zwischen einer individuellen Schuld, die jeder einzelne durch sein Handeln auf sich laden kann, und einer kollektiven Schuld, in die jeder Mensch eingebettet ist. Diesem strukturellen Bösen kann man sich nicht leicht entziehen. So kann der Vorstandsvorsitzende eines Dax-Konzerns ein großer Menschenfreund sein, aber aufgrund seiner Position ist er trotzdem gezwungen, menschen-unfreundliche Entscheidungen zu treffen. Er sieht möglicherweise den Schaden, den der eigene Konzern an der Natur anrichtet, kann aber nichts dagegen tun, weil er den Wünschen derAktionäre verpflichtet ist.

Ein anderes Beispiel: Sobald man im Supermarkt Kaffee, Tee oder Schokolade einkauft, hat man Anteil an der Ausbeutung von Mensch und Natur, da die Produktpreise niedrig sein sollen und für den Verbraucher erschwinglich. Alle Menschen stehen unter dem verhängnisvollen Einfluss des Bösen, dem man sich nicht einfach entziehen kann. Sie sind „Kinder des Ungehorsams" oder „Kinder des Zorns". Wessen Kind man ist, kann man sich nicht aussuchen. Man wird in Verhältnisse hineingeboren, die man vorfindet und in die man verwoben ist.

- **Welche schuldhaften Verstrickungen fallen Ihnen ein? Haben Sie schon vor „unmöglichen" Entscheidungen gestanden?**

Dann bricht die Erklärung einfach ab. Vielleicht will der Autor mit dem abrupten Themenwechsel sagen, dass man sich nicht zu sehr mit dieser Frage beschäftigen soll, weil es keine Erklärung dafür gibt. Wahrscheinlicher ist jedoch, dass ihm das neue Leben im Glauben als Ausweg aus diesem Problem wichtiger ist. Er spricht von der Barmherzigkeit Gottes, die nicht nur in der grammatischen Konstruktion des Textes plötzlich, abrupt und unerwartet da ist, sondern auf genau diese Weise in unser Leben einbricht.

- **Wie greift Gottes Barmherzigkeit in das menschliche Leben ein? Wo haben Sie das persönlich erlebt?**

Gott liebt uns bedingungslos, also ohne dass wir dafür eine andere Bedingung erfüllen müssten als die, dass es uns gibt. Wir Menschen können das nicht. Wir knüpfen Bedingungen an unsere Zuneigung. Wir finden jemanden liebenswürdig, der gut aussieht, warmherzig ist, intelligent oder reich. Unsere Liebe erkaltet, wenn sich die „Bedingungen" ändern: Mit den Jahren vergeht die Schönheit. Eine schwere Krankheit fordert plötzlich sehr viel Zuwendung ohne Gegenleistung. Der bisher so warmherzige Partner wird plötzlich abweisend und distanziert. Eine finanzielle Fehlentscheidung macht aus dem reichen Partner plötzlich einen Schuldner.

- **Was ist Ihnen bei einer Freundschaft oder Partnerschaft besonders wichtig? Worauf legen Sie in Beziehungen besonderen Wert?**

Bei Gott ist es anders: Er liebt uns „ohne Grund", d.h. seine Liebe hat keine andere Grundlage als die, dass es uns gibt. Für ihn sind wir liebenswürdig, weil wir in unserer Individualität da sind. Es ist wie mit dem Kind im Bauch seiner Mutter: Das Baby ist noch nicht geboren, wird aber schon geliebt. Es hat nichts getan, um diese Lieben zu „verdienen" – trotzdem ist die Liebe da.

Aber woher wissen wir, dass das wirklich stimmt? Die Wahrheit dieser Aussage zeigt sich in der Liebes*tat* Jesu. Paulus spricht in seinen Briefen oft von der *„Rechtfertigung* aus Gnade". Hier heißt es: *„Rettung* aus Gnade". Der ursprüngliche Gedanke des Paulus wird hier weitergeführt: Es geht nicht allein darum, vor Gott als gerecht dazustehen. Die Not ist viel größer: Wir müssen gerettet werden. Das knüpft an die ersten Verse an: Wir waren tot und werden lebendig, wenn wir die Einflusssphäre wechseln. Der Glaube verhilft uns zum Leben. Das ist seine wichtigste Konsequenz.

- **Was bedeutet für Sie „Rechtfertigung aus Glauben"?**

„Aus Gnade seid ihr gerettet." In Vers 8 wird dieser Satz wiederholt, der in Vers 5 schon einmal vorkam. Diese Aussage ist dem Autor offensichtlich besonders wichtig. Hier sind wir auch am Kern dessen, was man Rechtfertigung aus Glauben nennt. Unserem Autor ist ganz wichtig, dass der Glaube ein Geschenk Gottes ist. Er kann ihn selbst nicht machen oder erwirken. Deshalb ist die Formulierung: *„Ich* habe *mich* bekehrt“ sehr unglücklich gewählt. Sie suggeriert, dass man den eigenen Glauben irgendwie machen oder erzeugen kann. In manchen christlichen Kreisen wird daraus ein merkwürdiger Zusammenhang abgeleitet: Wer nicht zum Glauben an Jesus Christus gefunden hat, ist selbst schuld. Einem solchen Zusammenhang erteilt unser Text eine eindeutige Absage: Niemand kann sich auf seinen Glauben etwas einbilden, weil er ein Geschenk Gottes ist. Der Glaube widerfährt einem. Als z. B. Mose zum Glauben fand, begegnete er einem Dornbusch, der nicht aufhörte zu brennen. Die Neugierde hat ihn gepackt. Er wollte herausfinden, was es damit auf sich hat – und plötzlich stand er auf heiligem Boden und Gottes Stimme sprach zu ihm. Glaube ist also keine rationale Entscheidung mit unserem Verstand, sondern er trifft uns mitten hinein in unsere Herzen. Deshalb sollte man vorsichtig sein, Menschen zu verdammen, weil sie „ungläubig“ sind.

- **Welche Bedeutung haben die guten Werke, von denen in den letzten Versen die Rede ist?**

Unser Autor formuliert: „Nicht *aus* Werken“ sondern *„zu* guten Werken“ sind wir geschaffen. Die Werke sind nicht Voraussetzung, sondern Konsequenz des Glaubens. Um es in einem Bild verständlicher zu machen: Gott erzeugt keinen Druck, sondern einen Sog. Wem Gutes widerfahren ist, will Gutes tun. Es ist wie mit einer Süßigkeit: Jahrelang hat man das Dessert Panna Cotta verachtet. Aber dann hat man es das erste Mal gekostet – und es schmeckte köstlich. Nun kann man nicht genug davon bekommen. So ist es mit guten Werken: Wir merken, wie unendlich gut es tut, Gutes zu tun. Da würde niemand mehr auf den Gedanken kommen, so etwas zur Pflicht zu erheben oder zur Voraussetzung des Glaubens zu machen. Es ist schlicht nicht nötig.

- **Haben Sie in letzter Zeit anderen Menschen Gutes getan? Wie fühlten Sie sich dabei? Überlegen Sie gemeinsam, wem Sie in nächster Zeit etwas Gutes tun können!**

Martin Buber hat einmal gesagt: Der Mensch muss aus dem Bestimmt-sein weggehen, um zu seiner Bestimmung zu finden. Damit ist gemeint, dass wir uns nicht von unserer Biographie, unserem Alltag und unserer Prägung aufzwingen lassen müssen, wie wir leben. Gott gibt uns die Möglichkeit, diese Einflusssphäre des „Toten" zu verlassen und ins „Leben" zu treten. Darin liegt unsere Zukunft. Gott hat uns dieses Leben in Freiheit und Wärme schon vorbereitet. Wir müssen es nur noch ergreifen.

Hier ist Platz für Ihre eigenen Notizen.

4 Versöhnt

Epheser 2,11-22

- **Hatten Sie je das Gefühl, nicht dazu zu gehören? Wie fühlte sich das an?**

Lesen Sie den Text unter folgender Fragestellung:

- **Der Autor betont die Unterscheidung zwischen Heiden und Juden. Worin bestehen die Unterschiede? Worin bestehen heute die Unterschiede zwischen Christen und Nichtchristen?**

Exkurs: Juden und Heiden

Im vorhergehenden Abschnitt hatte Paulus einen Gegensatz eröffnet: Früher wart ihr tot und jetzt seid ihr im Glauben lebendig. Dieser Gegensatz betraf die einzelne Person. Jetzt führt er einen neuen Gegensatz ein – zwischen Juden und Heiden, zwischen Beschnittenen und Unbeschnittenen. Es ist ein Gegensatz, der aus der Sicht einer ganzen Volksgruppe besteht: Entweder man gehört zu den Juden. Dann ist man „drinnen". Gehört man nicht zu ihnen, ist man „draußen".

Das wirkt für uns heute befremdlich, weil es für uns selbstverständlich ist, dass man als Christ weder Jude noch Heide ist. Für uns ist es etwas Besonderes, einen christusgläubigen Juden zu treffen. Damals war die Lage anders: Die ersten Christen waren christusgläubige Juden. Als die ersten Nichtjuden zum Glauben an Jesus Christus fanden, kam es zu Irritationen. Wie man diese Frage erörtert und sich schließlich geeinigt hat, kann man in der Apostelgeschichte Kapitel 15 nachlesen. Trotzdem blieb die Frage, wie das Verhältnis zwischen christusgläubigen Juden und christusgläubigen Heiden bewertet wird. Es kam immer wieder zu schweren Zerwürfnissen. Darauf geht unser Brief ein und gibt eine klare Antwort: Die Unterscheidung zwischen Juden und Heiden ist hinfällig. Entscheidend ist allein der Glaube an Jesus Christus. Das erläutert unser Autor am Beispiel der Beschneidung: Sie galt den Juden als wichtigstes Zeichen der Zugehörigkeit zu Gott. Sie war so wichtig, dass die ersten Judenchristen forderten, dass sich die Heidenchristen beschneiden lassen müssten, um zu Gott gehören zu können. Dagegen hat sich Paulus immer gewehrt – und tut es hier auch. Mit Jesus Christus ist die Beschneidung weggefallen, die auch dafür steht, dass man die Gesetze und Vorschriften der Tora (5 Bücher des Mose) einhalten muss. Sie ist nicht mehr notwendig, um das „Bürgerrecht" Gottes zu bekommen. Hier klingt das begehrte römische Bürgerrecht an, das nicht viele Menschen besaßen. Paulus gehörte zu denen, die die besonderen Vorzüge und Rechte genossen.

Das Judentum hatte damals große Sympathien. Es gab viele Gottesfürchtige, die vor einem Übertritt zurückschreckten, weil sie die Gesetze nicht einhalten konnten. Z. B. musste man den Kaiserkult als Götzendienst ablehnen, was natürlich zu Konflikten mit der Staatsmacht geführt hätte. Für diese Menschen hatte das Christentum eine hohe Anziehungskraft, weil man ohne Beschneidung und Gesetz dazugehören konnte.

- **Der Autor sagt, die Heiden leben ohne Hoffnung. Worin bestand die Hoffnung, die Juden hatten und Heiden nicht? Worin besteht die Hoffnung der Christen heute?**

Hier klingt ein sehr tiefer Unterschied an, der das Christentum von allen anderen Religionen unterscheidet. Allgemein hatte man ein zwiegespaltenes Verhältnis zu den Göttern. Sie schenkten Leben und Fruchtbarkeit, aber sie verbreiteten auch Tod und Verderben. Sie waren launisch und mussten mit Opfergaben gnädig gestimmt werden. Der Besuch in einer Kultstätte diente ausschließlich dazu, Not und Katastrophen zu verhindern. Marduk (babylonischer Gott) oder Enki (sumerische Gottheit) hat man gefürchtet und versucht zu besänftigen, damit sie keine Missernten oder Unwetter über die Menschen hereinbrechen ließen. Liebe brachte man ihnen nicht entgegen.

Das ist der große Unterschied zum Vater von Jesus Christus: Mit ihm kann man in Beziehung treten und sein Leben teilen. Man braucht keine Angst mehr zu haben, sondern darf auf seine Zuneigung und Wärme hoffen. Jesus Christus hat uns ein ganz neues Bild von Gott vermittelt. Aus einem rachsüchtigen Gott ist ein gnädiger Gott geworden, der sich nach Gemeinschaft mit uns Menschen sehnt.

Wer nun in der alten Glaubenswelt verharrt, lebt praktisch in einer Angstbeziehung. Das ist aber im eigentlichen Sinne keine Beziehung. Deshalb leben diese Menschen, wie unser Autor sagt, ohne Gott.

- **Was bedeutet für Sie ein Leben ohne Gott? Wie sieht Ihre Beziehung zu Gott aus? Wie würden Sie sie beschreiben?**

Ein weiterer Aspekt, der die veränderte Beziehung zwischen Gott und Mensch beschreibt, findet sich in Vers 13. Das Gegensatzpaar heißt hier nicht Jude und Heide, sondern plötzlich fern und nah. Einst waren die Leser des Briefes fern und jetzt sind sie nah. Im Vers 17 wird dieses Gegensatzpaar wiederholt. Das zeigt, wie wichtig es dem Autor ist. Er spielt auf einen Vers des Propheten Jesaja (Jes 57,19) an. Ursprünglich bezog sich dieser Vers auf die Juden, die nach langer Gefangenschaft in Babylon (fern) endlich nach Kanaan zurückkehren durften (nah). Das war eine entscheidende Wende in der Geschichte des jüdischen Volkes – und unser Autor deutet diese Stelle nun auf die Christen: Sie stehen an einem ähnlichen Wendepunkt wie damals die Juden. Sie waren fern und durch den Glauben an Jesus Christus kommen sie Gott ganz nah.

- **Das Stichwort „Frieden“ taucht immer wieder auf: Was ist für Sie Frieden? Wie kann man ihn herstellen? Was ist Frieden im geistlichen Sinne?**

Frieden wird im weltlichen Sinne meist verstanden als Abwesenheit von Krieg. Jeder menschliche Frieden ist tatsächlich immer vorläufig und bedroht. Schaut man sich in vielen Teilen der Welt um, stellt man fest, dass Konflikte und Kriege die Normalität sind und Frieden die Ausnahme ist. Warum ist das so? Ein wichtiger Grund ist, dass unsere Handlungen aus Angst geschehen. Wir empfinden uns und unseren Platz in dieser Welt als bedroht. Wir müssen ihn absichern gegen diejenigen, die ihn uns streitig machen wollen.

Unser Autor hat den jüdischen Begriff im Hinterkopf: Frieden ist Schalom. Dieser Begriff lässt sich am besten übersetzen mit „Gemeinschaftstreue". Frieden entsteht, wenn jeder bekommt, was er braucht, um sich selbst zu entfalten. Dazu gehört, dass man in eine Gemeinschaft eingebunden ist, die das ermöglicht. Sie animiert nicht nur zur Selbstentfaltung, sondern zu einem Blick über das eigene Selbst hinaus. Man verhilft dem anderen dazu, das zum Erblühen zu bringen, was schon lange in ihm steckt. Die Voraussetzung für eine solche Gemeinschaft ist, dass man einander vertraut, also nicht mehr als Bedrohung empfindet. Nur dann wird man seine Sicherungssysteme nicht mehr brauchen. Es gibt keine Notwendigkeit mehr, anderen etwas wegzunehmen oder neidisch zu sein.

Schalom ist eine Idealvorstellung, die es in dieser Welt nicht geben kann. Diese umfassende Gemeinschaft ist Gott selbst in der Dreiheit aus Vater, Sohn und Heiliger Geist. Wer an Jesus Christus glaubt, der ist in diese Gemeinschaft hineingenommen und hat Anteil an ihr. Eigentlich hat er schon alles, was er zum Heil-Sein und zum Frieden braucht. Leider wird die Vollkommenheit dieses Friedens erst in der Ewigkeit sichtbar. Immerhin tragen wir jetzt schon die Hoffnung darauf in unseren Herzen.

- **Was halten Sie von der Aussage: „Ich brauche keine Gemeinde, um an Gott zu glauben"?**

In den Versen 14 bis 16 spricht Paulus davon, dass der Zaun abgebrochen, die Gesetze und Gebote abgetan sind. Heiden und Juden bilden in Christus eine Einheit. Aber diese Verbindung zwischen Juden und Heiden ist nicht einfach nur Erneuerung oder Vervielfältigung. Etwas ganz Neues entsteht, mit ganz neuen Eigenschaften. Um es im Bild auszudrücken: Wenn man Zucker mit Zimt mischt, bleiben beide Bestandteile erhalten. Wenn man sich das über den Milchreis streut, schmeckt man den süßen Zucker und den Zimt nach wie vor heraus. Wenn man die Gase Wasserstoff mit Sauerstoff mischt, dann entsteht beim kleinsten Funken die berühmte Knallgasreaktion und ein ganz neuer Stoff entsteht, nämlich Wasser. Er hat ganz andere, unvorhergesehene Eigenschaften als die Ursprungsgase, aus denen es hervorgegangen ist.

Hier ist es genauso. Etwas ganz Neues entsteht: Die Gemeinde. Neben dem individuellen Aspekt des Glaubens tritt hier der gemeinschaftliche: Es kann kein „privates Christentum" geben. Glaube braucht immer die Gemeinschaft mit anderen, die diesen Glauben teilen. Das ist auch logisch. Wenn Gott in sich selbst Beziehung ist, dann kann Glaube auch nur in Beziehung gelebt werden.

- **Welche Bilder verwendet der Autor, um den neuen Zustand der Einheit in der Gemeinde zu beschreiben? Welche anderen Bilder kennen Sie noch?**

Es ist ein dreigliedriges Bild, das der Autor hier verwendet: Bauwerk, Fundament, Eckstein. In Anlehnung an 1. Korinther 3 bezeichnet er die Christen als Bauwerk. Sie sind die Steine, aus denen es besteht. Die Gemeinde ist aber nicht nur ein Gebäude, das jede Generation mit einem neuen Stockwerk versieht. Erstmals kommt der Gedanke ins Spiel, dass das Fundament aller Perspektiven, die die Gemeinde entwickelt, die Apostel und ihre Lehre sind. Das ist ein Hinweis darauf, dass der Epheserbrief in späterer Zeit entstanden sein könnte, als die Zeitzeugen Jesu bereits gestorben waren. Man brauchte Orientierungshilfen, woran sich Gemeinde in ihrer Entwicklung ausrichten sollte. Der Autor des Epheserbriefes entwickelt in dieser Weise das Bild aus dem 1. Korintherbrief weiter.

Jesus Christus wird als Eckstein bezeichnet. Mit ihm steht und fällt alles. Dieses Bild ist aus dem Alten Testament übernommen. In Jesaja 28,16 und Psalm 118,22f. kommt es bereits vor. Wichtig ist der Unterschied zu einem Schlussstein. Er ist keilförmig und wird z. B. in einem Torbogen als letzter Stein eingefügt, um den gesamten Bogen zu halten. Der Schlussstein markiert die Fertigstellung eines Bauwerks. Hier ist explizit nicht an eine Fertigstellung gedacht. Der Bau wächst ja mit jeder Generation weiter. Die Gemeinde ist kein abgeschlossener Bau, sondern entwickelt sich und wächst. Der Eckstein ist der erste Stein, an dem man sich immer wieder orientiert und ausrichtet, damit der Bau seine richtige Form und Standfestigkeit bekommt. Immer wieder muss man ihn anschauen und überprüfen, ob die Richtung und Form noch stimmen. Ansonsten muss man korrigieren.

Genau darauf kommt es heute immer noch an: Man muss das Gleichgewicht finden zwischen Erneuerung und Bewahrung, Entwicklung und Tradition. Der Blick auf Jesus Christus und seine Botschaft ist wichtig, einen guten Weg durch die stürmischen Zeiten und rasend schnellen Entwicklungen unserer Zeit zu finden. Bei ihm sind wir keine Fremdlinge oder Gäste. Bei ihm sind wir zu Hause.

- **An welcher Stelle hat Ihre Gemeinde Erneuerung nötig? Wo ist es wichtig, gute Traditionen zu bewahren?**

Hier ist Platz für Ihre eigenen Notizen.

5 Gottes Auftrag für Paulus

Epheser 3,1-13

Lesen Sie den Text! Achten Sie besonders auf folgende Fragestellung:

- **Was erfahren wir über den Apostel Paulus?**

Paulus spricht hier das erste Mal über seine persönliche Situation. Er ist ein Gefangener. Damit ist die Gefangenschaft in Rom gemeint. Obwohl er von römischen Soldaten bewacht wird, empfindet er sich als „Gefangener Christi Jesu“. Er versteht sich und seine missliche Lage ganz in der Nachfolge von Jesus. Er geht wie das große Vorbild einen Leidensweg.

Der Gedankengang bricht ab und wird erst im letzten Vers dieses Abschnitts wieder aufgenommen. Hier wird deutlich, dass Paulus stellvertretend für seine Leser leidet. Vers 1 und 13 bilden einen Rahmen für alles andere. Sie machen deutlich, dass der Apostel eine besondere Berufung hat, die auch mit besonderen Herausforderungen einhergeht. Vielleicht möchte er indirekt dazu ermutigen, Bedrängnisse nicht als Strafe anzusehen, sondern als „Ehrenabzeichen“, weil man sie für Gott erleidet und in die Fußstapfen von Jesus tritt.

Was ist nun die Botschaft, die der Apostel hat? Er spricht von einem Geheimnis, in das er eingeweiht worden ist. Das hat er an die Gemeinde weitergegeben.

- **Waren Sie schon Mal „Geheimnisträger“? Was bedeutet das?**
- **Welches Geheimnis ist dem Apostel offenbart worden?**

Das Geheimnis besteht darin, dass die Heiden „Miterben sind und mit zu seinem Leib gehören und Mitgenossen der Verheißung in Christus Jesus sind“ (V. 6.). Hier wird nochmals beschworen, was im vorangegangenen Kapitel bereits ausführlich beschrieben ist.

Interessant ist, dass diese Zeilen eine Fortführung dessen sind, was bereits im Kolosserbrief geschrieben wurde. Dort wird das Geheimnis beschrieben als „Christus in euch“ (Kol 1,26). Der Epheserbrief geht noch einen Schritt weiter, indem er den Unterschied zwischen Juden und Heiden komplett aufhebt und die Heiden zu Miterben Christi erklärt. Sie sind genauso Gottes Kinder, wie es die Juden auch sind. Sie bekommen genau den gleichen Anteil an der Herrlichkeit Gottes.

- **Was ist der Unterschied zwischen einem Geheimnis und einem Rätsel?**

Ein Rätsel kann man lösen, ein Geheimnis nicht. Ein Kreuzworträtsel macht uns nur so lange neugierig, bis wir alle Kästchen ausgefüllt haben. Wenn es gelöst ist, fällt die Spannung ab und es interessiert uns nicht mehr. Ein Geheimnis lässt sich nicht auflösen. Man kann es höchstens aufdecken. In ein Geheimnis kann man eintauchen – aber man wird ihm niemals auf den Grund gehen können. Insofern verliert es nie an Spannung und weckt immer unsere Neugierde.

Paulus bringt noch einen anderen Aspekt ein: Das Geheimnis, von dem er spricht, kann man nicht allein entdecken. Es ist von außen offenbart worden.

Hier müssen wir kurz einhaken: Der Gedanke, den der Autor hier verfolgt, ist eigentlich recht einfach. Er sagt: Es gibt Zusammenhänge, auf die man allein durch Nachdenken nicht kommt. Sie müssen einem von außen gesagt werden. Z. B. der Gedanke, dass es einen Gott geben könnte, der für Sklaven und Notleidende einsteht, ist zu der Zeit völlig neu, als die Exodus-Geschichten entstanden. Niemals zuvor gab es die Vorstellung, dass Gott das Schreien und die Not der Geknechteten hört.

Genauso unvorstellbar ist die Tatsache, dass Gott sich in einem Mann offenbart, der gekreuzigt wird. Gott soll sich den Menschen ausliefern und Schwäche zeigen? Das ist eine Torheit, die sich kein Mensch selbst ausdenkt, geschweige denn weitererzählt. So eine fragwürdige Botschaft behält man lieber für sich.

Diese Tatsache beweist, dass am „Geheimnis Christi“ (V. 4.) etwas dran sein muss. Es war einst verborgen und jetzt ist es sichtbar, weil Gott es den Aposteln und Propheten offenbart hat.

In unserem Fall ist das Unerwartete, dass die Heiden plötzlich Miterben werden und Anteil haben an der Erlösung, die die Juden eigentlich nur für sich in Anspruch nehmen.

Im weiteren Verlauf werden schwer verständliche Formulierungen gebraucht. Der Apostel spricht in Vers 8 vom „unausforschlichen Reichtum Christi“, den er den Heiden zu verkünden hat. In Vers 10 soll die „mannigfaltige Weisheit Gottes den Mächten und Gewalten im Himmel durch die Gemeinde“ kundwerden.

- **Was ist der „unausforschliche Reichtum Christi“?**

Der Autor benutzt die besondere Sprache der Mystiker. Mit ihr versucht er das Geheimnis zu umschreiben, das eigentlich gar nicht beschreibbar ist. Vielleicht haben Sie selbst ein besonderes Erlebnis gehabt, in der Ihr Horizont urplötzlich erweitert wurde. Oder Sie hatten eine Begegnung, die Sie bis in die Tiefe Ihres Herzens getroffen und verändert hat. Wenn Sie versuchen, diese Ereignisse zu beschreiben, und was diese Ereignisse in Ihnen bewirkt haben, empfinden Sie ihre Beschreibungen als blass und unzureichend. Der Autor kann nur mit blassen Worten beschreiben, was das Evangelium in einem Menschen bewirkt: Er gelangt vom Tod zum Leben und wird in die Gemeinschaft der Heiligen eingefügt. Der Reichtum, den das Evangelium schenkt, ist tatsächlich unausforschlich. Gott schenkt eine Fülle und Vielfalt, die man nicht erklären, sondern nur erfahren kann. Die „Geheimnissprache“ tastet sich an diesem Kristallisationspunkt entlang, ohne ihn je wirklich beschreiben oder erfassen zu können. Insofern ist der Glaube immer ein Akt des Vertrauens: Man muss den Schritt über die Klippe tun, um zu erfahren, dass man nicht abstürzt, sondern gehalten wird.

- **Wie kann Gemeinde die Weisheit Gottes den „Mächten und Gewalten“ verkünden?**

Paulus denkt an göttliche Wesen: Engel, Geister, Geschöpfe in der Himmelswelt. Nicht einmal diese Wesen wissen, was Gott in seinem tiefsten Herzen bewegt. Aber die Gemeinde, diese Neuschöpfung als Verbund aus Judenchristen und Heidenchristen hat verstanden, was das Herz Gottes bewegt und soll den „Mächten und Gewalten“ nun verkünden, worum es Gott geht: Gott möchte Gemeinschaft mit den Menschen! Er ist sich nicht zu schade, diesen paradoxen, vergänglichen, verletzten und missgünstigen Geschöpfen seine Liebe, sein Heil und seine Fürsorge anzubieten. Das ist eine so große Wertschätzung der Gemeinde, dass man sich immer wieder fragt, ob man diesen Satz richtig verstanden hat. Wenn man aber darüber nachdenkt, ist dieser Satz nur konsequent: Gott hat sich nicht in einem Baum, in einer Statue oder einem Buch offenbart. Er hat es in einem Menschen getan – in Jesus aus Nazareth. Oder anders formuliert: Das Geheimnis Gottes wohnte als Mensch auf der Erde. Gott hat sein Schicksal so eng mit unserem menschlichen Schicksal verbunden, dass es sogar Auswirkungen auf die Himmelssphäre hat.

- **Wie denken und reden Sie über Ihre Gemeinde? Haben Sie Vorbehalte? Wovon sind Sie begeistert?**

Wenn man sieht, wie hoch im Epheserbrief die Gemeinde eingeschätzt und für wie wertvoll sie erachtet wird, ist es schade und manchmal sogar unverständlich, wie abschätzig manche Menschen über ihre eigene Gemeinde denken oder sprechen. Vielleicht können wir uns ein Beispiel am Autor nehmen und ein wenig mehr Achtung vor der Gemeinde lernen und dem, wofür sie steht: Sie ist „Geheimnisträgerin Gottes“.

- **Gibt es Bereiche, zu denen Sie keinen Zutritt haben, in die Sie**

aber gern mal hineingehen würden? Waren Sie bei einem Konzert je im Backstage-Bereich?

Am Schluss wird in Vers 12 vom Zutritt oder Zugang gesprochen. Das ist eigentlich ein recht unscheinbarer Vers, der aber die tiefgreifende Änderung, wie man künftig an Gott glaubt, deutlich macht. Das ist eigentlich ein kultischer Begriff: Der Zutritt zum jüdischen Tempel war gestaffelt. Die Heiden und Frauen durften nur auf den ersten Hof. Die Männer durften auf den Innenhof und in bestimmte Außenbezirke des Tempels. Nur Leviten und Priester durften den Innenbereich des Tempels betreten. Aber selbst sie hatten keinen Zugang zum Allerheiligsten. Da durfte nur der Hohepriester rein – und das auch nur einmal im Jahr. Unser Autor beschreibt das Gegenteil davon: Alle haben freien Zutritt zu Gott. Es gibt keine Einschränkungen mehr. Niemand ist zu sündig oder unrein, um nicht in die Gemeinschaft Gottes gelangen zu können. Es gelten keine Ausschlusskriterien mehr. Für diesen menschenfreundlichen Gott, so sagt unser Autor im letzten Vers, sind die Bedrängnisse und Leiden eine Ehre.

- **Bei welchen Menschen fällt es Ihnen leicht, Zugang zur Gemeinde zu gewähren? Bei welchen Menschen fällt Ihnen das schwer?**

Hier ist Platz für Ihre eigenen Notizen.

6 Fürbitte und Anbetung

Epheser 3,14-21

- **Welche Gebetshaltungen kennen Sie? Welche benutzen Sie? Welche sind ihnen fremd?**

Lesen Sie den Text!

Paulus schreibt, dass er die „Knie beugt vor dem Vater" (V. 1.). Das ist eine Gebetshaltung. Er möchte, dass diese Zeilen nicht als Belehrung oder Ermahnung verstanden werden. Den ersten Teil seiner Ausführungen schließt er bewusst mit einem Gebet, genauer mit einer Fürbitte ab. Damit möchte er alles, was er zuvor gesagt hat, in Gottes Hände legen und signalisiert, dass er nicht aus eigener Kraft oder eigenem Vermögen schreibt, sondern aus der Vollmacht Gottes.

Das Knie zu beugen hat hier etwa die gleiche symbolische Bedeutung, wie die Aufforderung: „Lasst uns die Hände falten!"

- **Welches Verhältnis haben Sie zu Ihrem Vater? Ist die Vorstellung „Gottes als Vater" eher hilfreich oder störend in Ihrer Beziehung zu ihm?**

Exkurs: „Gott als Vater"

Gott als Vater oder sogar als Papa anzureden geht direkt auf Jesus zurück. Im Alten Testament kommt sie eher selten vor, in der Tora (5 Bücher Mose) gar nicht. Sie wurde aus Scheu und Ehrfurcht vermieden. Jesus hat diese Anrede zunächst im Vaterunser und Gethsemane-Gebet (Mk 14,36) eingeführt, um die besondere Nähe zwischen Gott und Mensch herauszustellen. Gott ist wie ein Vater zu uns, der sich um seine Kinder sorgt und will, dass es ihnen gut geht.

In der Folge ist diese Anrede bei den ersten Christen gebräuchlich geworden. Besonders Paulus greift sie nicht selten auf. Im Galaterbrief 4,6 und im Römerbrief 8,15 taucht diese Anrede wieder auf. Hier wird sie ganz bewusst verwendet, um die Liebe Gottes zu seinen Kindern herauszustellen.

Man muss sich aber auch bewusst machen, dass hier ein Idealbild gemeint ist. Gott ist wie ein *idealer* Vater, der aus Liebe alles für seine Kinder tut. Unsere leiblichen Väter bleiben zwangsläufig hinter diesem Ideal zurück. In manchen Fällen kann das Verhältnis zum eigenen Vater so schwierig sein, dass es eher als hinderlich empfunden wird. Wenn man kein gutes Bild von seinem Vater hat, kann das widersprüchliche Gefühle gegenüber Gott auslösen. Dann sind andere Bilder vielleicht erstmal besser geeignet, um die eigene Beziehung zu Gott auszudrücken.

- **Worum bittet Paulus?**

Der Inhalt der Fürbitten orientiert sich am Bild des jüdischen Tempels. Wie der Tempel in Jerusalem der Wohnort Gottes ist, so sind die Gläubigen mit ihrem Leib Wohnort Gottes. Sie sollen ganz nach paulinischer Tradition zu „Tempeln Gottes“ werden. Die Leser sollen in der Liebe eingewurzelt und *gegründet* sein (V. 17.). Die Benennung der Maße, also die Breite, Länge, Höhe und Tiefe erinnert an die Abmessungen des Heiligtums. Nach jüdischer Vorstellung ist der Tempel Wohnsitz Gottes, von dem alle Herrlichkeit ausgeht und sich über die Welt ausbreitet. Diese Vorstellung überträgt der Autor nun auf die Gläubigen und die Gemeinde. Gott wohnt in den Christen. Seine Herrlichkeit ist dort, wo die Gemeinschaft der Heiligen, also die Gemeinde sich versammelt. Von der Gemeinde geht sie aus in alle Welt. Diese Vorstellung ist die Grundlage für das gesamte Fürbittengebet.

- **Was bedeutet es für Sie, Tempel Gottes zu sein? In welcher Weise geht von Ihrer Gemeinde die Herrlichkeit Gottes aus in**

alle Welt?

Man kann das Gebet in drei Teile gliedern:

16-17	1. Fürbitte
18-19	2. Fürbitte
20-21	Lobpreis Gottes (Doxologie)

- **Was sagt die erste Fürbitte über den Glauben aus?**

Die erste Fürbitte bezieht sich auf den Einzelnen. Sie betont: Der Glaube ist Geschenk Gottes, aber nicht sofort vollständig. Er entwickelt sich und muss eingeübt werden. Die Verankerung hat er in Jesus Christus als dem Eckstein. Genauso wie sich der Tempelbau am Eckstein orientiert, ist Jesus Christus als Eckstein der Orientierungspunkt des Glaubens. Der inwendige Mensch soll durch den Glauben stark werden. Damit ist der ganze Mensch mit Körper und Geist gemeint. Ohne den Glauben bleibt der inwendige Mensch mit seinen Brüchen, der Zerrissenheit und seinen Verletzungen verloren und schwach. Er soll aber wachsen und stark werden. Das geht nur in Verbindung mit Jesus Christus.

- **Was macht Ihr Leben „lang, breit, hoch und tief"? Wie hilft die Gemeinschaft mit anderen Christen, den Glauben zu stärken?**

Die zweite Bitte bezieht sich auf die Gemeinschaft. Die Länge, Breite, Höhe und Tiefe orientiert sich als Bild an der Vermessung des Tempels. Der Glaube bekommt seine Weite und Tiefe nicht allein im individuellen Vollzug im Privaten. Er entfaltet sich in der Gemeinschaft mit allen Christen dieser Welt. Der Einzelne ist hineingestellt in den Glauben der Gemeinschaft. Von ihr bekommt er Impulse, entwickelt sich und wird korrigiert. Dieser Gedanke ist heute wichtiger als früher, weil viele Menschen glauben, sie bräuchten die Gemeinschaft nicht. Das führt zu einer Verkümmerung des Glaubens, da er nicht mehr durch die

Gemeinschaft getragen und korrigiert wird.

Eine weitere Formulierung fällt auf: Die Leser sollen „die Liebe Christi erkennen, die alle Erkenntnis übertrifft“ (V. 19.). Eigentlich ist das ein Widerspruch: Wie soll man etwas erkennen, was alle Erkenntnis übertrifft? Hier wird eine Erfahrung angesprochen, die jeder Gläubige macht und die wir bereits in einer vorhergehenden Einheit hatten. Der Glaube kann erfahren und beschrieben, aber nie in seiner Tiefe erklärt oder rational begriffen werden. Er ist ein Geheimnis, in das man eintauchen kann. Man kommt ihm aber nie auf den Grund. Die hier verwendete Sprache erinnert an die mystischen Erfahrungen, die manche Menschen in langer Kontemplation und Einkehr gemacht haben. Der Glaube, so die Vorstellung, ist eine Haltung der gespannten Erwartung, dass etwas Wesentliches im inwendigen Menschen passiert und ihn in Einklang mit Gott bringt.

Ein weiterer Aspekt ist wieder in dem Bild zu finden, das die gesamte Fürbitte durchzieht: Der jüdische Tempel als Wohnort Gottes ist auch der Ausgangspunkt, von dem die Herrlichkeit ausgeht und in der ganzen Welt sichtbar wird. Unser Autor spricht davon, dass die Leser „erfüllt werden mit der ganzen Gottesfülle“ (V. 19b.). So wie Gott den Tempel erfüllt, sollen die Gläubigen von seiner Gegenwart erfüllt werden. In ihnen wird die Herrlichkeit Gottes sichtbar. Sie sind wie ein Prisma, durch das das weiße Licht der Sonne aufgespalten wird, damit die Buntheit und Vielfalt der Farben für alle sichtbar wird.

- **Tauschen Sie sich über Glaubenserfahrungen aus! Was haben Sie im Gebet oder in der Gemeinschaft mit anderen Christen erlebt?**

Der Lobpreis bildet den Abschluss der dreigliedrigen Fürbitte. Er macht deutlich, wozu die Gemeinde auch da ist. Sie soll Gott loben und ihm die Ehre geben. Darin wird sie eins mit Gott.

- **Wie geben Sie Gott die Ehre: 1. ganz persönlich in Ihrem Leben**

und 2. als Gemeinde oder Gemeinschaft?

Da dieser ganze Abschnitt mit dem Thema Gebet zu tun hat, soll es auch am Schluss gesondert behandelt werden:

- **Was ist Gebet? Was bewirkt es?**

Exkurs: Gebet

Ganz kurz und knapp zusammengefasst ist Gebet Gespräch mit Gott. Wir reden mit ihm, weil wir glauben, dass er uns hört und sich von unseren Anliegen bewegen lässt. Aus unserem Abschnitt des Epheserbriefes lassen sich einige allgemeinere Aussagen treffen:

Ausgangspunkt des Gebets ist der Körper. Die äußere Haltung bereitet den Weg zur inneren Haltung. Es macht einen Unterschied, ob man steht, sitzt oder liegt, ob man die Hände faltet, das Knie beugt oder den Kopf neigt.

Gebet ist Rückkehr zum Ursprung. Es stellt Bezug zur absoluten Transzendenz her, also zur Macht, die über diese Welt hinausgeht und die wir mit herkömmlichen Mitteln nicht erfassen oder begreifen können. Wir erleben, dass diese Macht uns nicht distanziert oder gleichgültig gegenübersteht. Sie ist zu beschreiben wie mit dem Bild eines idealen Vaters zu seinem Kind.

Im Gebet nennen wir Gott unsere Anliegen und Nöte. Das ist aber nur ein kleiner Teil dessen, was im Gebet passiert. Es ist nicht zuerst dazu da, um Gott zu beeinflussen, damit er unsere Wünsche erfüllt. Es geht darum, dass wir von Gottes Macht ergriffen, durchflossen und verändert werden. Beten kann man eigentlich nur mit einer Haltung gespannter Erwartung, dass Gott zu uns redet und unseren (geistlichen) Horizont erweitert. Gleichzeitig hat es etwas mit körperlicher Entspannung zu tun, um sich z. B. mit Hilfe von meditativen Elementen in die Lage zu versetzen, Gott zu hören.

Gebet ist nicht nur „Privatsache". Man macht sich eins mit allen Christen dieser Welt und stimmt ein in den „Chor der Heiligen". Diese weltweite Dimension ist uns oft gar nicht so klar.

Beten ist Verinnerlichung: Man vergewissert sich dessen, was man als wahr erkannt hat. Es soll sich auch in meinem Leben als wahr erweisen. Gebet ist das Ausstrecken nach der Wahrheit hinter der sichtbaren Realität.

Im Gebet schöpfen wir Hoffnung: Der Beter weiß, dass diese Welt von zerstörerischen Mächten bedroht ist. Wenn wir beten, setzen wir die die Hoffnung dagegen, dass sie im Verborgenen getragen ist von einem guten Gott.

Hier ist Platz für Ihre eigenen Notizen.

7 Einheit in der Vielfalt

Epheser 4,1-16

Lesen Sie den Text!

Im ersten Teil des Briefes hat der Verfasser seine Gedanken zur Wahrheit und Wirklichkeit des Glaubens dargelegt. Am Ende dieser inhaltlichen Auseinandersetzung stand eine Fürbitte. Nun beginnt der zweite Teil des Briefes. Jetzt geht es um die Frage, wie man die eher theoretischen Überlegungen in die Praxis des Gemeindelebens und des eigenen Glaubenslebens umsetzen kann.

Diese Unterteilung in einen ersten theoretischen und einen kleineren eher praktisch orientierten zweiten Teil ist für die Paulusbriefe typisch. Es ist kein Zufall, dass unser Verfasser den Brief mit den Worten einleitet: „So ermahne ich euch nun …" (V. 1.) Diese Worte benutzt Paulus bereits im Römerbrief. Im Wort „ermahnen" steckt sehr viel Zurechtweisung drin. Man könnte hier missverstehen, der Autor wolle den moralischen Zeigefinger heben. Das hier verwendete griechische Wort kann aber auch übersetzt werden mit „trösten" oder „ermutigen". Es geht also darum, den Lesern in den kommenden Kapiteln zu helfen, nicht sie zu maßregeln.

- **Haben Sie sich je zu einer Tätigkeit, einem Hobby oder einem Job richtig berufen gefühlt? Woran erkennt man, dass jemand eine Berufung hat?**

Paulus beginnt damit, dass die Christen aus Ephesus ihrer Berufung würdig leben sollen. Er unterstreicht das mit seiner eigenen Lage als Gefangener in Christus. Damit verleiht er seinen Worten besonderes Gewicht: So wie er die Gefangenschaft (und seinen späteren Märtyrertod) erlitt, sollen die Christen in Ephesus nun ihrerseits geradlinig und ohne Kompromisse ihren Glaubensweg gehen.

Exkurs: Berufung

Aber was genau ist Berufung eigentlich? Im christlichen Kontext dieses Briefes ist man schnell versucht, an die Berufung zum hauptamtlichen Dienst eines Pastors oder eine vollzeitliche missionare Tätigkeit zu denken. Unser Autor hat aber nichts davon im Sinn. Er überhöht diesen Begriff nicht geistlich, sondern denkt recht pragmatisch. Im Deutschen steckt das Wort „Beruf" mit drin. Man kann auch zu einer Tätigkeit oder einem Job berufen sein. Das äußert sich z. B. darin, dass man etwas mit ganzem Herzen, mit Begeisterung und Leidenschaft tut. Umgekehrt kann z. B. die Berufung zu einem Maschinenbauingenieur – einem ganz und gar weltlichen Beruf – geistlich gedeutet werden. Man ist von Gott an diese Stelle „berufen" worden, um die Wahrheit Gottes dort sichtbar zu machen.

Die Berufung zum Glauben, von der unser Text spricht, steht am Anfang einer Glaubensentwicklung. Sie ist etwas von Gott Geschenktes und dem Menschen unverfügbar. Das zeigt schon die Grammatik dieses Wortes: Berufung ist passiv. Man kann nicht sich selbst berufen, sondern nur berufen werden. Aber das ist ja nicht das Ende, sondern erst der Anfang eines jeden Glaubenslebens. Jetzt geht es darum, dieser „Berufung würdig zu leben", wie Paulus im V. 1 sagt.

- **Wie deuten Sie, dass es so viele unterschiedliche Kirchen gibt?**
- **Was bewahrt Einheit, was bedroht sie?**

Unser Text ruft uns zur Einheit auf. Er erinnert uns an das, was alle Christen im Glauben miteinander verbindet. Meist betonen wir die Dinge, die uns voneinander unterscheiden. Wir vergessen, dass uns sehr viel mehr verbindet, als uns trennt. Es wäre eine heilsame Veränderung, wenn man miteinander entdeckt, was uns vereint.

Unser Text zählt einige Dinge auf, die grundlegend für Einheit sind. Wir brauchen Demut, Sanftmut und Geduld. Wir müssen lernen, einander in Liebe zu tragen und manchmal auch zu ertragen. Es ist schwer, diese Eigenschaften in unsere Zeit zu übersetzen. Sie sind meist eher negativ besetzt: Demut bedeutet, dass man sich alles gefallen lässt. Sanftmut bedeutet eigentlich gar nichts und alles zu ertragen bedeutet, dass man alles mit sich machen lässt. Wir leben in einer Zeit, in der Durchsetzungsvermögen und ein „gesunder Egoismus" gefragt sind. Der Epheserbrief korrigiert uns: Demut bedeutet, dass man sich selbst auf den zweiten Platz setzt, denn der erste Platz gehört Gott. Damit ist nicht gemeint, dass man sich für seine Gaben und Fähigkeiten schämen müsste. Demut meint, dass man erkennt, was man kann – und was man nicht kann. Jemand hat einmal gesagt, Demut bedeutet, seinen eigenen Platz im Leben zu finden. Das ist eine gute Faustregel für den eigenen Platz in der Gemeinde.

Ähnlich der zweite Begriff: Sanftmut kann man besser verstehen als Gewaltlosigkeit. Statt zurückzuschlagen, wie es heute üblich ist, senkt man die Waffe, um zu deeskalieren. Sich wehrlos zu machen und der möglichen Gewalt des anderen auszuliefern, erfordert Mut.

Einander in Liebe zu ertragen bedeutet, dass es Mitchristen gibt, mit denen man nicht besonders gut auskommt. Für die Einheit ist es nicht nötig, dass man jeden sympathisch findet. Es reicht aus, dass man sich gegenseitig respektiert und einander den Platz in der Gemeinde nicht streitig macht.

- **Wie gehen Sie mit Meinungsverschiedenheiten oder gar Konflikten in der Gemeinde um? Was könnte (ganz praktisch) zu einer größeren Einheit verhelfen?**

Es ist eine Tatsache, dass die Einheit der Christen nicht mehr äußerlich durch eine gemeinsame Struktur gewährleistet ist. Es gibt so viele verschiedene christliche Gemeinschaften und Organisationen, dass selbst Experten die Übersicht verlieren. Selbst wenn der Grund für eine Trennung nicht mehr existiert, finden Kirchen organisatorisch nicht mehr zur Einheit zurück. Es gibt ökumenische Initiativen, die eine äußerlich sichtbare Einheit herstellen wollen. Zu ihnen gehört der Ökumenische

Rat der Kirchen (ÖRK), der auf der Weltebene aktiv ist. Es gibt in Deutschland die Arbeitsgemeinschaft Christlicher Kirchen (ACK), die viele Kirchen unter ihrem Dach vereint. Diese Bemühungen sind wichtig, da die Christen einen Auftrag zur Einheit haben, wie der Epheserbrief an dieser Stelle deutlich zeigt.

Wichtig ist aber auch, dass Einheit nicht Uniformität bedeutet. Einheit ist nicht Gleichheit. Die Stärke von Gemeinde besteht gerade in ihrer Vielfalt und Buntheit. Hier ist es möglich, dass Menschen unterschiedlichen Charakters, Alters und Prägung zusammenkommen und sich um das gemeinsame Zentrum versammeln, nämlich Jesus Christus.

- **Worin besteht die Einheit der Gemeinde in unserem Text?**

Der Autor benennt nun, worin die Einheit in der Gemeinde besteht:
Ein Leib.
Ein Geist.
Eine Hoffnung.
Ein Herr.
Ein Glaube.
Eine Taufe.
Ein Gott und Vater.

Diese Begriffe wirken zunächst recht willkürlich und ohne innere Logik oder Ordnung. Augenfällig wird das „System" besonders, wenn man sie untereinander schreibt. In der Mitte ist der Herr. Um ihn gruppieren sich wie vom Mittelpunkt eines Kreises ausgehend die anderen Begriffe, die aufeinander bezogen sind und einander durchdringen. Ohne gemeinsamen Geist kann es auch keinen gemeinsamen Leib geben. Der Glaube ist der Kristallisationspunkt der Hoffnung, die alle Christen miteinander teilen. Die Taufe ist das äußere Zeichen, das diese Gemeinsamkeit für alle sichtbar macht. Alle Christen glauben an den einen Gott und teilen die Vorstellung, dass er unser Vater sein will. Man merkt an diesen Erklärungen sofort: Diese Begriffe sind wie ein Geflecht aus vielen Beziehungen. Sie beschreiben die Knotenpunkte, an denen die Einheit sich manifestiert. Das ist das wichtigste Fazit aus diesen Zeilen: Einheit ist nichts Statisches. Sie ist dynamisch und immer in Bewegung, denn die Menschen die diese Einheit bilden sollen, sind unterschiedlich in ihren Ansichten, Prägungen und Meinungen. Die Einheit muss immer wieder neu „ausgehandelt" werden. Das geht nur, wenn man miteinander im Gespräch ist, einander zuhört und Respekt entgegenbringt. Das führt uns zu den ersten Begriffen zurück, die Voraussetzung für die Gemeinschaft sind: Demut, Sanftmut (Wehrlosigkeit) und einander in Liebe ertragen.

- **An welchen Stellen fällt es Ihnen schwer, die Meinung anderer Christen zu akzeptieren? Was können Sie tun, um die Einheit in der Gemeinde zu stärken?**

Ab Vers 7 geht es um den Aufbau als Leib Christi. Das ist wieder ein Bild, das wir aus anderen Briefes des Paulus sehr gut kennen. Was vielleicht nicht so bekannt ist: Dieses Bild ist in der Antike sehr beliebt. Es gab z. B. die Fabel vom Aufstand der Glieder gegen den Bauch. Menenius Agrippa hielt damit die Unterschicht von Rom ab, gegen die Oberschicht zu rebellieren. Er machte ihnen einsichtig, dass sie im Grunde sich selbst schaden, wenn sie jetzt den Aufstand proben. Das Wahrheitsmoment ist, dass die Mitglieder einer Gesellschaft – oder in unserem Fall der Gemeinde – aufeinander angewiesen sind.

In der Gemeinde wird der Leib erbaut durch die Gaben, die man als Christ geschenkt bekommen hat.

- **Welche Gaben haben Sie? Wie verwenden Sie sie?**

Ausgangspunkt der Interpretation ist der Vers 19 aus Psalm 68. Dieser Vers wird von Paulus in diesem Brief nicht ganz korrekt wiedergegeben. Entscheidend ist aber, dass man die Argumentation versteht. Der Verfasser will ausdrücken, dass Jesus Christus zur Höhe aufgefahren ist.

Dann ist er hinabgestiegen in das menschliche Leid und gekreuzigt worden. (Vers 9) Dann ist er auferweckt worden und in den Himmel aufgefahren. (Vers 10) Er erfüllt nun alles – hier wird die kosmische Dimension der Erlösung deutlich. Der Glaube ist nicht nur im individuellen und privaten Leben wichtig. Er betrifft die gesamte Schöpfung. Das ist auch ein paulinischer Gedanke, der im Römerbrief 8,20-22 vorkommt. Jesus Christus nun hat den Menschen die Gaben gegeben, die für die Gemeinde wichtig sind.

- **Welche Gaben zählt unser Autor hier auf? Welche Gaben fehlen, die Ihnen aus anderen Texten geläufig sind?**

Interessant ist, dass der Autor hier nur Gaben aufzählt, die in irgendeiner Weise mit der Verkündigung und Weitergabe des Wortes zu tun haben: Apostel, Propheten, Evangelisten, Hirten und Lehrer. Andere Gaben, die z. B. im 1. Kor. 12 auftauchen, lässt er einfach weg: Zungenrede, Wunder tun, Heilen, Geisterunterscheidung. Die neue Schwerpunktsetzung der Gaben auf die Verkündigung, Seelsorge und Lehre deutet darauf hin, dass der Brief in einer Zeit entstanden ist, als die erste Generation bereits gestorben war. Jetzt kam es darauf an, eine tragfähige gemeinsame Basis des Glaubens einzurichten. Es war wichtig zu verhindern, dass allzu abseitige Lehren oder Vorstellungen die Gemeinde spalten. Das Oberthema hier ist ja immer noch Einheit.

- **Die Heiligen sollen „zugerüstet werden zum Werk des Dienstes“ (Vers 12): Woran könnte unser Autor denken? Wie sollte man Ihrer Meinung nach heute zurüsten?**

Das griechische Wort, das unser Autor verwendet, lautet diakonia. Das heißt übersetzt zunächst „tätige Nächstenliebe“. Damit ist ganz praktische Hilfe für Notleidende gemeint. Der Verfasser hat aber etwas sehr Konkretes im Hinterkopf. Er denkt an das Setting, in dem dieser Brief steht. Er wird im Gottesdienst vorgelesen und soll den Zuhörern helfen, wie sie ihren Glauben als Gemeinde weiterentwickeln können. Das geschieht in dieser zentralen Veranstaltung, in der alle Gläubigen zusammenkommen. Jeder verlässt seinen Alltag, um sich in der Gemeinschaft mit den anderen Christen stärken und auf Gott ausrichten zu lassen. Gemeint ist also die Zurüstung im Wort, das im Gottesdienst verkündigt wird.

Am Schluss dieses Abschnitts wird noch einmal deutlich, worin der Autor die größte Gefahr für die Einheit in der Gemeinde sieht. Er spricht in Vers 14 davon, dass sich die Gläubigen nicht von jeder Lehre umhertreiben und verführen lassen sollen. Dies ist ein Hinweis darauf, dass der Brief bereits die zweite oder dritte Generation der Christen anspricht. Die ersten Zeugen sind bereits tot. Auf ihre Autorität kann man sich nicht mehr berufen. Aber wodurch wird dann die Einheit und die gemeinsame Lehre begründet? Der Autor sagt: Durch das verkündigte Wort der Evangelisten, Hirten und Lehrer, die nun an die Stelle der Apostel und Propheten getreten sind. Sie garantieren die gemeinsame Erkenntnis. Sie machen die Gläubigen mündig und geben ihnen Urteilskraft darüber, was wahr ist und was nicht. Letztlich muss sich alle Lehre daran messen lassen, ob Christus das Zentrum der Verkündigung ist. Er ist das Haupt, von dem aus der ganze Leib gestaltet ist und aufgebaut wird (Vers 16).

- **Woran messen Sie, ob Christus im Mittelpunkt der Verkündigung steht? Wie muss Gemeinde aussehen, in der Christus das Haupt ist?**

Hier ist Platz für Ihre eigenen Notizen.

8 Der alte und der neue Mensch

Epheser 4,17-24

- **Was braucht man, um ein gutes und sinnerfülltes Leben führen zu können?**

Es mag zunächst merkwürdig in einer Auslegung eines biblischen Textes klingen, aber der Mensch braucht den Glauben an Gott nicht notwendig zum Leben. Notwendig sind die Luft zum Atmen. Ohne sie würde er in wenigen Minuten ersticken. Er braucht zu essen und zu trinken. Er braucht Schutz vor Kälte und Hitze. Ohne diese Dinge kann ein Mensch nicht lange überleben. Diese Bedürfnisse schränken uns ein. Gott engt uns aber nicht ein. Er führt uns in die Weite. Der Epheserbrief würde wohl sagen: Gott schenkt uns die Fülle. Das ist ein wichtiger Unterschied, der die Frage beantwortet, warum es viele Menschen gibt, die ohne Glauben auskommen und trotzdem ohne merkliche Einschränkung ein glückliches Leben führen können.

Wenn das stimmt, ergibt sich sofort die Frage, was der Gewinn des Glaubens ist? Wozu braucht man ihn? Was verändert er zum Guten? Unser Brief sagt: Der Glaube bringt eine neue Perspektive ins Leben, die das, was man in dieser Welt für das Wichtigste hält, relativiert.

Lesen Sie den Text unter folgender Fragestellung:

- **Wie wird der „heidnische" Lebensstil beschrieben? Was will der Autor damit sagen?**

In den ersten Versen wird geschildert, wie die Heiden leben, also die Menschen, die den Glauben an Jesus Christus nicht haben. Man merkt sofort: Unser Autor lässt kein gutes Haar an ihnen. Allerdings hat diese Beschreibung einen tieferen Hintergrund. Die Gläubigen dürfen nicht mehr leben „wie die Heiden in der Nichtigkeit ihres Sinnes“ (V. 17). Er spricht von der Verfinsterung ihres Verstandes, ihrer Unwissenheit und einem entfremdeten Leben, das sie führen. Er ist der Meinung, dass sich ihr Denken und Handeln im Innerweltlichen erschöpft. So ist es tatsächlich bei sehr vielen Menschen heute noch: Für sie existiert nur das, was sie sehen und anfassen können. Deshalb muss sich alles in ihrem Leben hier auf der Erde erfüllen. Sie müssen die 80 oder 85 Jahre, die ihnen bleiben, so gut es eben geht ausnutzen. Sie leben nach dem Motto aus dem 1. Kor. 15,32b: „Lasst uns essen und trinken; denn morgen sind wir tot.“ Die Folge ist, dass nichts anderes zählt, als ihr Lebensgenuss – und das äußert sich nach Aussage unseres Verfassers in Ausschweifung und Habgier. Die Begierden richten ihn zugrunde.

- **Was sind Ihrer Meinung nach Folgen, wenn man ohne Gott lebt?**

Es ist erstaunlich, wie aktuell diese Aussagen heute noch sind. Vielleicht ist die Säkularisierung unserer Gesellschaft auch ein Grund für die Probleme, die wir heute haben: Wir sind zu Materialisten geworden, denen der Konsum und Besitz über alles geht. Es gibt wenige, die den Reichtum dieser Welt in Händen halten, während die meisten Menschen in Armut leben müssen. Da passt die Deutung unseres Autors: Man muss so viel wie möglich anhäufen, da man nur dieses eine Leben hier auf der Erde hat. Dadurch verfehlt man sich selbst, das Leben wird trotz aller materiellen Fülle leer. Man ist gefangen in der eigenen Hölle aus Verlustangst und Sinnlosigkeit. Die Natur ist keine Schöpfung Gottes mehr, der man mit Ehrfurcht begegnet. Sie ist wie ein Warenlager, das uns zur Verfügung steht, um von uns ausgebeutet zu werden. Selbst die belebte Natur wird in unser kapitalistisches System aus Rendite und Gewinn gepresst. Wir sehen das Leid gar nicht mehr, das durch Massentierhaltung und Umweltverschmutzung entsteht.

- **Sähe unsere Welt anders aus, wenn der Glaube eine größere Rolle spielte?**

Im zweiten Teil unseres Abschnitts, in den Versen 20-24, geht es um den neuen Menschen. Die Leserinnen und Leser haben von Christus gehört.

- **Worin unterscheidet sich der neue Mensch vom alten? Was für Auswirkungen hat das?**

Unser Autor zieht Parallelen zum Erlernen der Tora. Im 5. Buch Mose 6,5 wird geschildert, wie das Gesetz Gottes erlernt werden soll, nämlich „mit ganzem Herzen, mit ganzer Seele und mit all deinen Kräften". Es geht also nicht nur um ein intellektuelles Verstehen des Inhalts. Es geht auch nicht allein darum, den Wortlaut auswendig wiedergeben zu können. Es geht noch nicht einmal darum, die Glaubensinhalte für wahr zu halten und ihnen theoretisch zuzustimmen. Die Leser sollen den Glauben ergreifen, in ihn eintauchen und in Beziehung zu Jesus Christus treten. Sie sollen sich mit ihm verbinden.

Was unser Autor meint, kann man in einem Bild erläutern: Man kann sich viele YouTube-Videos darüber anschauen, wie man richtig schwimmt. Man kann so lange Trockenübungen machen, bis man die Bewegungen exakt beherrscht. Aber auf diese Weise wird man nie lernen, wie man schwimmt. Dazu muss man ins Wasser steigen und üben. Es reicht einfach nicht aus, theoretisch alles über das Schwimmen zu wissen. Man kann es nur in der Praxis erlernen.

So ist es auch mit dem Glauben: Man muss in Beziehung treten mit Jesus, damit man erfährt, was es bedeutet, aus der Fülle zu leben. Es reicht nicht aus, ein Buch über den Glauben zu lesen. Man muss ihn ganz ausprobieren. In der Praxis erweist sich, ob er wirklich tragfähig ist oder nicht.

- **Wo hat der Glaube Ihnen in der Vergangenheit geholfen, das Leben besser zu meistern?**
- **Was verbinden Sie mit dem Bild, dass Sie den neuen Menschen wie ein Kleidungsstück anziehen sollen?**

Exkurs: Kleidung

Dieses Bild kommt an einigen Stellen in den Paulusbriefen vor. Es scheint recht gebräuchlich gewesen zu sein, um die Veränderung darzustellen, die sich in einem Menschen durch den Glauben vollzieht. Kleidung war damals sehr teuer. Sie musste ein Leben lang halten. Einen zweiten Mantel konnten sich nur wohlhabende Menschen leisten. Sie wurde eigentlich nur ausgezogen, wenn man sie waschen musste. Ansonsten war sie wie eine zweite Haut, die vor der Witterung – Hitze und Kälte gleichermaßen – schützte. Wenn die Gläubigen den neuen Menschen anziehen sollen, ist damit eine tiefgreifende, eine dauerhafte Änderung des Lebensvollzugs gemeint. Der neue Mensch soll wie die Kleidung zu einer „zweiten Haut" werden.

Ein weiterer Aspekt spielt bei diesem Bild eine Rolle. Anhand der Kleidung konnte jeder erkennen, welchen Stand man in der Gesellschaft hatte. Kaufleute trugen andere Gewänder als Handwerker oder Edelleute. Eine Toga durften z. B. nur Menschen tragen, die das Römische Bürgerrecht besaßen. Je mehr Purpurstreifen in die Toga eingewebt waren, desto höher der Rang. Es war bei Strafe verboten, die Kleidung eines höheren Standes, z. B. eines Adligen zu tragen, ohne ihm anzugehören. An der Kleidung konnte man sogar die Lebensumstände ablesen. Ob Frauen ledig oder verheiratet oder gar verwitwet waren, erkannte man auf den ersten Blick an der Kleidung, die sie trugen. Vor diesem Hintergrund ist dieses Bild verständlich: Neue Kleider zog man damals nur an, wenn man einem anderen Stand angehörte oder sich die Lebensumstände dramatisch veränderten. Genau das passiert im Glauben: Plötzlich erkennt man sich selbst in einem ganz neuen Verhältnis zur Welt. Was einem bisher über alles galt, wird völlig unwichtig. Andere Dinge spielen jetzt eine bedeutendere Rolle, nämlich die Beziehung zu Gott und den anderen Gläubigen.

Ein letzter Aspekt: Kleidung hat für uns heute nicht mehr die große Bedeutung wie damals. An ihr kann man allenfalls ablesen, wie modebewusst jemand ist. Sie ist erschwinglich, und in Zeiten von „fast fashion" ziehen wir uns täglich um, und unsere Garderobenschränke quellen über von Blusen, T-Shirts und Mänteln, die wir nie anziehen. Vielleicht kann man das antike Bild vom Anziehen des neuen Menschen auf die heutige Zeit umdeuten: Es ist gar nicht so leicht, den Glauben an Gott in unserem Leben konsequent umzusetzen. Immer wieder drängen sich die „alten" Verhaltensweisen in den Vordergrund. Wir können uns vom gesellschaftlichen Egoismus nicht freimachen. Wie wir unsere Sachen täglich neu anziehen, müssen wir auch den neuen Menschen täglich neu anziehen, also darum ringen, dass Gott in uns zum Guten wirken kann. Wir scheitern – aber wir dürfen nicht verzagen, denn wir können immer wieder neu anfangen. Dann wird das Gute allmählich in uns Gestalt gewinnen.

- **Welche Eigenschaften hat der „neue Mensch"? Wodurch unterscheidet er sich vom „alten Menschen"?**

Schaut man in den Text, gibt der Autor zwei Antworten:

1. Der Mensch ist „nach Gott geschaffen" (V. 24). Das bezieht sich auf die Ebenbildlichkeit Gottes. Aber was ist mit Ebenbildlichkeit gemeint? Bedeutet es, dass wir so aussehen wie Gott? Bezieht sie sich auf unseren Intellekt, unser Selbstbewusstsein, die uns vor den Tieren auszeichnen? Die Antwort ist viel einfacher: Ebenbildlichkeit meint, dass der Mensch Repräsentant Gottes auf dieser Erde ist. Er vertritt Gottes Willen und seine Angelegenheiten. Der neue Mensch weiß, dass diese Welt nicht sein Eigentum ist, sondern ein anvertrautes und kostbares Gut, dass es gut zu verwalten und zu pflegen gilt. Die direkte Folge: Man trägt Verantwortung gegenüber Gott und den anderen Menschen. Dazu gehören auch die nachfolgenden Generationen.

2. Der neue Mensch ist geschaffen „in wahrer Gerechtigkeit und Heiligkeit“ (V. 24). Das sind zwei Beziehungsbegriffe. Gerechtigkeit beschreibt das Verhältnis im zwischenmenschlichen Bereich. Heiligkeit beschreibt das Verhältnis zwischen Mensch und Gott. In wahrer Gerechtigkeit zu leben meint, dass man die Gemeinschaftstreue, den Schalom lebt, wie wir in einer früheren Einheit schon geschrieben haben. Gerechtigkeit entsteht dort, wo man einem Menschen mit seinen Bedürfnissen wirklich gerecht wird und er sich zu seinem vollen von Gott geschaffenen Potential entfalten kann. Das ist natürlich ein Idealbild, das hier auf der Erde nie erreicht werden kann.

In Heiligkeit zu leben bedeutet, eine enge Beziehung zu Gott zu haben. Gemeint ist hier, dass man sich nicht von der Angst leiten lässt, die sonst viele unserer Handlungen bestimmt: Aus Angst misstrauen wir einander und können uns gegenseitig nicht so begegnen, wie wir wirklich sind. In echter Beziehung zu Gott leben wir, wenn wir dieser Angst keinen Raum mehr geben, sondern dem Vertrauen, dass Gott uns und unser Leben schon tragen wird.

- **Wie können Sie einander besser verstehen lernen und helfen, Ihr Potential zu entfalten?**
- **Wie leicht oder schwer fällt es Ihnen, anderen Menschen zu vertrauen? Wo hat sich Vertrauen auf Gott „ausgezahlt“?**

Hier ist Platz für Ihre eigenen Notizen.

9 Wie Christen leben sollen

Epheser 4,25-32

Lesen Sie den Text unter folgender Fragestellung:

- **Wie finden Sie die hier genannten Vorstellungen des Zusammenlebens? Halten Sie sich immer daran?**

Hier werden sehr konkrete Aussagen getroffen, woran sich der „neue Mensch“ zu halten hat. Sofort taucht die Frage auf: Wie kommt der Autor auf diese Verhaltensweisen? Warum gerade diese und keine anderen? Der Autor benutzt Zitate aus dem gesamten Kanon der jüdischen heiligen Schrift. Die Autorität, dass ausgerechnet diese Verhaltensweisen ethisch richtig sind, nimmt er also aus den Geboten des Alten Testaments. Er bleibt aber nicht bei Verboten stehen, wie bei den Zehn Geboten. (Tatsächlich müsste man richtiger sagen: Zehn *Ver*bote, weil bis auf wenige Ausnahmen immer gesagt wird, was man nicht tun soll.) Er stellt den Verboten auch Positivaussagen gegenüber. Das zeigt, dass er nicht sklavisch an den ethischen Vorgaben des Alten Testaments bleibt, sondern sie weiterentwickelt.

- **Was ist für Sie Wahrheit? Woran kann man sie in einer immer komplexer werdenden Welt erkennen?**

Trotz dieser Erklärung wirkt diese Zusammenstellung zunächst recht willkürlich. Der rote Faden, der sich aber durch das gesamte Kapitel zieht, ist das Thema Wahrheit, das auch das erste Stichwort unseres Textes ist. Das zweite Stichwort ist in Vers 26 der Zorn. Zunächst wundert man sich vielleicht, wie er von der Wahrheit auf den Zorn kommt. Die Antwort ist recht einfach: Wenn man sich für die Wahrheit einsetzt, soll man dabei friedfertig bleiben und den Konflikt nicht eskalieren lassen.

Das ist ja ein großes Problem bis heute: Wenn man um eine Wahrheit ringt, kann es in der Auseinandersetzung ziemlich verletzend zugehen. Besonders in Glaubensfragen kann es zu sehr heftigen Auseinandersetzungen kommen. Sobald man seine Argumente als göttlich und biblisch kennzeichnet, ist es schwer, Kompromisse zu finden. Daher ist es ein kluger Rat, den unser Autor in Vers 26 gibt: „Wenn ihr in Zorn geratet, schaltet einen Gang runter und beruhigt euch zunächst wieder, bevor ihr weiterredet."

- **Wie könnte ein guter Gedankenaustausch unterschiedlicher Meinungen aussehen?**

Exkurs: Zuhören

Wir sind nicht besonders gut darin, einander zuzuhören. Meist warten wir auf die Stichworte aus dem Munde unseres Gegenübers, bei denen wir einhaken können. Das ist aber die erste und wichtigste Voraussetzung: Man muss einander zuhören, damit man einander versteht. Das ist in unseren Tagen sehr, sehr selten geworden. Wie gelingt das? Eine Möglichkeit wäre, sich in die Gedankenwelt des anderen hineinzuversetzen und seine Position so lange zu wiederholen, bis er sagt: „Genau *so* ist es. Ich hätte es nicht besser ausdrücken können." Oft wird dadurch schon sehr viel klarer, warum der andere so denkt, wie er denkt. Wir bekommen einen Eindruck davon, dass es vielleicht sogar gute Gründe für die Gegenposition gibt. Oft ist allein dadurch, dass man den anderen in seiner Motivation verstanden hat, aus der Diskussion die Schärfe genommen.

Ein weiterer Aspekt: Meist sucht man sich die schwächsten Argumente des Gegners, um sie mit den eigenen starken Argumenten zu vergleichen. Die Diskussion wird ehrlicher und kommt auch auf Augenhöhe, wenn man die starken Argumente des Gegners anschaut und sich auf die Schattenseite der eigenen Position einlässt. Dann wird der Austausch fruchtbar und kann den eigenen Horizont erweitern.

Ein letztes: Wichtig ist, mit welcher Motivation ich an ein Gespräch herangehe. Will ich den anderen verstehen oder bekehren? Wenn man eine „Scheindiskussion“ führt, weil man nur auf diese Weise an den anderen „herankommt“, wird ein solches Gespräch schnell eskalieren. Voraussetzung ist, dass man echtes Interesse am anderen und seiner Meinung hat.

In den nächsten Versen geht es um Diebstahl und üble Nachrede. Es mutet befremdlich an, dass hier Dinge aufgezählt werden, die in jeder ethischen Aufzählung stehen könnten.

- **Warum wird das Selbstverständliche eigens betont? Wie schwer oder leicht fällt es Ihnen, einen „normalen ethischen Standard“ einzuhalten?**

Diebstahl ist eine Tat. Üble Nachrede sind Worte. Worte und Taten sollen im Einklang stehen. Meist betonen wir die Tat, kritisieren aber nicht falsches Denken oder negative Einstellungen. Hier wird beides ausgewogen behandelt. Aus einem Dieb wird ein selbstlos Schenkender. Aus übler Nachrede wird wertvoller Zuspruch. Hier wird konkret, wie ein alter zu einem neuen Menschen wird.

- **Bewerten Sie folgende Aussagen von 1 – o.k. bis 10 – ganz schlimm. Diskutieren Sie, warum Sie die jeweilige Bewertung vorgenommen haben:**

1. „Geiz ist geil“
2. „Ich ziehe mit meinem Lebensgefährten in eine gemeinsame Wohnung, um zu sehen, ob es klappt, bevor wir heiraten.“
3. „Ich kürze meinen Gemeindebeitrag um die Hälfte, bis Bruder X sich bei mir entschuldigt hat.“
4. „Sonderspende für einen neuen Beamer? Ich bin ziemlich knapp bei Kasse, weil ich mir ein neues Auto kaufen will. Mit all den Extras ist das nicht gerade billig.“

5. „Da bin ich ausgerastet und habe ihm eine verpasst!“

6. „Da konnte ich nicht mehr an mich halten und bin verbal unter die Gürtellinie gegangen.“

7. „Den mit seinen komischen biblischen Ansichten lade ich doch nicht zum Essen ein.“

8. „Hast du schon das Neueste gehört? Schwester X ist fremdgegangen.“

9. „Ich arbeite zwar nicht in der Gemeinde aktiv mit, aber ich gebe das meiste Geld. Also habe ich auch am meisten zu sagen.“

- **Wie verstehen Sie die Aussage, den Heiligen Geist nicht zu betrüben?**

Das bezieht sich natürlich auf alles vorher Gesagte. Jeder trägt Verantwortung für sich selbst. Wie man handelt oder redet hat immer Konsequenzen für das Zusammenleben. Wer also schlecht handelt oder redet, bedroht die Beziehung zum anderen. Der neue Mensch ist aber daran interessiert, die Beziehungen zu stärken, in denen er steht. Wie sich das im Einzelnen zeigt, kann sehr unterschiedlich sein. Manchmal scheitert man an den Idealen, und ein gutes Zusammenleben gelingt nicht. Ist man dann immer noch ein „neuer Mensch“? Unser Autor sagt, ja: Wir sind im Heiligen Geist versiegelt. Das bedeutet, dass wir in ihm eine Art Echtheitszertifikat haben. Selbst wenn sich die Beziehungen schwierig gestalten, gehört man dennoch zu Gott. Das steht und fällt nicht mit dem Gelingen der Gemeinschaft. Man gehört trotz des Scheiterns und Versagens zu Gott. Der Heilige Geist ist wie ein Schutzzeichen dafür, dass Gott seinen Segen nicht von uns genommen hat, auch wenn man aufgrund einer Krise daran zweifeln könnte.

- **Wo haben Sie erlebt, dass Gott über Sie wacht? Zweifeln Sie an der Wirksamkeit Gottes, wenn Sie in eine Krise geraten?**

Am Schluss gibt unser Text eine Zusammenfassung: In Vers 31 fasst er schlechte Eigenschaften zusammen und in Vers 32 stellt er dem entgegen, wie man sich zu verhalten hat. Es ist ein kleiner Laster- und Tugendkatalog.

- **Welche Bereiche menschlichen Seins werden hier angesprochen?**

Paulus stellt hier Gegensatzpaare auf: Bitterkeit – Freundlichkeit, Grimm/Zorn – Herzlichkeit, Geschrei/Lästerung – Vergebung. Es geht ihm um die innere Haltung, die zu entsprechenden Äußerungen führt. Es ist ein Unterschied, ob ich anderen Menschen mit einer misstrauischen oder einer positiven Haltung begegne. Die inneren Gefühle beeinflussen, wie ich mich verhalte. Ist jemand von „Bitterkeit, Grimm und Zorn“ erfüllt, führt das zu „Geschrei und Lästerung“. Begegne ich Menschen „freundlich und herzlich“, bin ich eher bereit, anderen zu vergeben, die mich verletzt haben. Die innere Haltung ist entscheidend für die Atmosphäre und Stimmung in einer Gemeinschaft.

- **Wie empfinden Sie die Atmosphäre zwischen Ihnen und Ihren Nachbarn, Gemeindemitgliedern oder Arbeitskollegen? Was können Sie zu gelingenden Beziehungen beitragen?**

Hier ist Platz für Ihre eigenen Notizen.

10 Leben als Kinder des Lichts

Epheser 5,1-20

- **Was ist Ihnen aus Ihrer Ausbildung oder Lehre noch hängengeblieben? Was hat Sie in dieser Zeit besonders geprägt?**

Dieser Abschnitt beginnt mit der Aussage, man solle Gott nachahmen als seine geliebten Kinder. Diese Aufforderung mutet befremdlich an: Wie genau hat man sich das vorzustellen? Wie kann man Gott nachahmen?

In der damaligen Zeit gab es keine geregelte Ausbildung wie hier in Deutschland. In weiten Teilen der Welt ist das bis heute so. Dort bewirbt man sich z. B. bei einer Autowerkstatt und fängt an, auf Probe zu arbeiten. Der Werkstattmeister zeigt, wie bestimmte Teile am Auto zu reparieren sind. Wenn man sich geschickt anstellt und handwerklich begabt ist, bekommt man den Job. Mit den Jahren wird man durch die Praxis zu einem Experten auf diesem Gebiet.

In der damaligen Zeit war es ähnlich: Ein Schüler kam zu einem Rabbi und fragte ihn, ob man sein Nachfolger oder Jünger sein darf. Wenn er zustimmte, ging man hinter ihm her und machte alles nach, was der Rabbi auch tat. Wenn er im Vorbeigehen mit der Hand über ein Weizenfeld strich, machte man es genauso. Man hörte ihm zu, wenn er etwa in der Synagoge die Schriften auslegte und legte sich zu Bett, wenn der Rabbi schlafen ging. Auf diese Weise erlernte man das, was der Meister konnte. Man bekam durch das Vorbild die Lehren und Ansichten des Vorbildes regelrecht eingeprägt. Diese Beziehung war so eng wie die eines Vaters zu seinem Kind.

In dieser Weise soll man also Nachahmer Gottes sein. Man tut alles, was er tut, um irgendwann „Experte" des Glaubens zu werden.

- **Was prägt unser Reden, Denken und Handeln heute? Wodurch lassen Sie sich beeinflussen?**

Als nächstes bezeichnet der Autor Jesus Christus als „Gabe und Opfer, Gott zu einem lieblichen Geruch“ (V. 2). Auch diese Formulierung mutet befremdlich an. Der Autor benutzt ein Bild aus der jüdischen Opferpraxis. Es gab verschiedene Arten, Opfer darzubringen. Hier geht es um das Brandopfer, dessen Rauch in den Himmel und in die Nase Gottes steigt. Diese Opfer waren dazu da, die Gemeinschaft zwischen Gott und Mensch zu erneuern. Diese Vorstellung wird christlich fortgeführt: Jesus Christus ist das endgültige und umfassende Opfer, das die Gemeinschaft zwischen Gott und Mensch auf ewig festschreibt. Nun braucht man keine Opfer mehr zu bringen, um sich der Zuwendung Gottes zu vergewissern oder sich seine Gnade zu sichern. Sie ist immer da. Das ist eine tiefgreifende Veränderung im Verhältnis zu Gott, da man nicht mehr ängstlich und misstrauisch zum Himmel hochblicken muss, ob eine unsichtbare Hand herabsaust und das Leben durcheinanderbringt. Man kann erwartungsvoll nach oben schauen, weil man sicher weiß, dass Gottes Antlitz über einem aufleuchtet.

- **Haben Sie in Ihrem Leben schon Opfer bringen müssen? Was war das wertvollste, das sie geopfert haben?**

Wie aber soll dieses „Nachahmen Gottes“ genau aussehen? Was sind die dankbaren Konsequenzen aus diesem endgültigen Opfer Christi? Ein Lebensstil, in dem Unzucht, Unreinheit und Habgier keine Rolle mehr spielen. Auch schändliches Tun oder böswillige Reden verurteilt unser Autor aufs Schärfste. Diese Zusammenstellung erinnert an die kurze Aufzählung des letzten Kapitels. Auch hier werden zunächst negative Eigenschaften und Handlungsweisen aufgezählt. Was veranlasst einen Menschen, habgierig zu sein oder Böses zu tun? Warum können sie nie genug haben von allerlei Genüssen und müssen immer mehr Dinge horten? Die Antwort ist einfach: Sie leben aus einer Mangelhaltung heraus. Ständig fehlt etwas, wünscht man sich das, was der Nachbar hat oder der Arbeitskollege. Man vergleicht sich ständig mit Leuten, die mehr Geld haben, weiter weg in den Urlaub fahren und häufiger in teureren Restaurants essen gehen. Wer so lebt, wird nie glücklich, weil es immer noch etwas gibt, was zum Glücklichsein fehlt. Dieses defizitorientierte Denken ruft das Schlechteste in einem Menschen hervor, da er nur auf sich selbst und die eigenen Bedürfnisse schaut. Die Auswirkungen, die Früchte sind für alle Beteiligten zerstörerisch. Deshalb verurteilt Paulus sie scharf.

- **Was setzt der Autor den negativen Eigenschaften entgegen? Wofür tut er das?**

Das Gegenteil ist Dankbarkeit. Sie hilft, den überfließenden Reichtum und die Fülle dieser Welt zu entdecken. Das ist uns Deutschen leider nicht gegeben. Selbst wenn z. B. der Staat wieder mehr Steuern eingenommen hat als im Vorjahr, wird vor einer Überhitzung der Konjunktur und der Gefahr vor steigender Inflation gewarnt. Unser Autor kehrt die Sichtweise um. Statt darauf zu schauen, was fehlt und noch besser sein könnte, schaut man auf das, was schon da ist und das Leben bereichert.

Es gibt Möglichkeiten, Dankbarkeit einzuüben:

1. Sie können ein „Dankbarkeitstagebuch" führen. Für einen Monat oder ein halbes Jahr können Sie sich vornehmen, jeden Abend in ein oder zwei Sätzen aufzuschreiben, wofür sie an diesem Tag dankbar sind.

2. Sie können sich Erbsen in die rechte Hosentasche stecken. Sobald Ihnen etwas passiert, wofür Sie dankbar sind, verfrachten Sie eine Erbse in die linke Hosentasche. Am Abend können Sie feststellen, wie viele Dinge Ihnen passiert sind, für die Sie dankbar sind.

Auf diese Weise gehen die Momente der Dankbarkeit nicht verloren und allmählich schärft man seine Sinne für die Dinge, die Gott uns täglich schenkt.

- **Überlegen Sie gemeinsam, welche Methoden es noch gibt, um Dankbarkeit einzuüben. Wofür waren Sie in der letzten Woche dankbar?**

Noch einmal kommt der Verfasser auf die Habsüchtigen und Unreinen zurück. Er bezeichnet sie im Vers 5 sogar als Götzendiener. So hart diese Aussage zunächst klingt, steckt ein Wahrheitsmoment in dieser Aussage: Wer sich von Geld, Macht oder Ruhm leiten lässt, der trägt nicht mehr Gott in seinem Herzen. In der Bergpredigt sagte Jesus einmal, man könne nur einem Herren dienen – und den Habsüchtigen geht Geld über alles. Das ist dann ihr Götze und die Gemeinschaft mit Gott ist zerstört. Hier geht es also nicht um eine Strafe oder Drohung, sondern um eine logische Konsequenz. Wer den Einflüsterungen des Neids und der Missgunst erliegt, wird keinen Anteil oder Erbteil an Gottes Herrlichkeit mehr haben.

Ab Vers 6 verändert sich die Perspektive. Vorher ging es um Einstellungen und Sichtweisen, also um das Innere eines Menschen. Jetzt geht es um den Umgang der Menschen miteinander. Unser Autor empfiehlt eine scharfe Trennung. Die macht er in einem Bild deutlich: Es gibt Kinder des Lichts und Kinder der Finsternis.

- **Was bedeutet es, Kind des Lichts oder der Finsternis zu sein? Was ist Ihrer Meinung nach damit gemeint?**

Kinder des Lichts sind die Gläubigen und Kinder der Finsternis sind die Menschen, die nicht an Gott glauben. Hier macht unser Autor das an der Ethik fest: Daran, wie sich ein Mensch nach außen verhält, kann man seiner Meinung nach erkennen, ob er es gut meint oder nicht. Es ist eine konsequente Fortsetzung der vorhergehenden Verse, denn die innere Einstellung zeigt sich früher oder später auch im zwischenmenschlichen Bereich. Allerdings bleibt zweifelhaft, ob das immer so ist. Manchmal tut man etwas mit den besten Absichten, aber es kommt etwas

Zerstörerisches heraus. Es gibt auch Menschen, die es eigentlich gut meinen, aber im Zwischenmenschlichen kommt das genaue Gegenteil dieser guten Intention beim Gegenüber an.

Manche haben diese Verse in der Vergangenheit so interpretiert, dass ein Christ nichts mit Nichtchristen zu tun haben darf. Sie sind als Kinder der Finsternis zu meiden. Diese Stelle wurde als Begründung angeführt, sich aus der in Sünde gefallenen Welt zurückzuziehen, mit der man keine Gemeinschaft haben soll: Man sei schließlich nur Gast auf Erden und auf der Durchreise – da sei es als guter Christ anrüchig, sich an Dorf- oder Straßenfesten zu beteiligen, die ein ausschweifendes und dekadentes Leben geradezu provozieren. So oder so ähnlich ging die Argumentation.

Tatsächlich geht es hier nicht um Weltflucht oder eine Vermeidungsstrategie, sondern um Selbstschutz. Man darf sich vor destruktiven Einflüssen anderer Menschen schützen, indem man sich von ihnen fernhält. Als Christ ist man nicht verpflichtet, alle Menschen sympathisch zu finden. Es gibt Menschen, die einem nicht guttun. Von ihnen sollte man sich fernhalten. Christ zu sein bedeutet nicht, dass andere Menschen mit einem machen dürfen, was sie wollen.

In diesem Zusammenhang sei auf einen Satz hingewiesen, den Jesus einmal gesagt hat: „Liebe deinen Nächsten wie dich selbst." Jesus plädiert dafür, sich selbst und die eigenen Bedürfnisse ernst zu nehmen. Nur wer sich selbst mag, kann auch andere mögen. Nur wer zu sich selbst barmherzig ist, kann es auch mit anderen Menschen sein. Nur wer sich selbst respektiert und auf die eigenen Grenzen achtet, kann das auch bei anderen. Erst dann werden auch gute Früchte im Miteinander entstehen.

- **Warum spricht unser Autor von Früchten und nicht von Werken?**

Ein Werk ist der Erfolg geleisteter Arbeit. Da hat man alles vom ersten Handschlag bis zur letzten Qualitätskontrolle selbst in der Hand. Bei

Früchten kommt das Element des Unverfügbaren hinzu: Man kann die Bedingungen schaffen, dass sich z. B. eine Tomatenpflanze gut entwickeln kann. Sie braucht einen Platz, der sonnig und warm ist. Sie braucht viel Wasser, und man kann die Pflanze an einem Stützstab hochbinden. Diese Maßnahmen garantieren aber nicht, dass sie viele Früchte trägt. Man muss abwarten und hoffen, dass sie allmählich wachsen und reifen. Früchte zu erzeugen ist also gleichzeitig von Menschenhand gemacht und Geschenk.

Die Frucht des Lichts ist lauter Güte, Gerechtigkeit und Wahrheit – hier tauchen die Begriffe Gerechtigkeit und Wahrheit wieder auf, die sich bereits durch das Kapitel 4 wie ein roter Faden gezogen haben. Im Gegensatz dazu sind die Werke der Finsternis unfruchtbar. Die Licht-Finsternis-Metapher bekommt hier eine neue Betonung. Vorher diente sie dazu, das Gute vom Bösen scharf abzugrenzen. Jetzt benutzt Paulus sie, um die Überlegenheit des Lichts gegenüber der Finsternis herauszustreichen. Es reicht eine kleine Lichtquelle aus, um die Finsternis aus einem ganzen Raum zu vertreiben. Modern könnte man die Verse 12 und 13 als ein Plädoyer für Transparenz verstehen: Wer im Verborgenen und hinter dem Rücken anderer agiert, setzt sich schon dadurch ins Unrecht.

- **Wo ist Ihrer Meinung nach Transparenz wichtig? Wo braucht es aber auch Verschwiegenheit?**

Im Vers 14 kommt ein weiteres Bild hinzu, das die Metapher vom Licht ergänzt: Wer zum Glauben findet ist wie jemand, der aus dem Schlaf erwacht. Auf ähnliche Weise erleben viele Menschen die Bekehrung zum christlichen Glauben. Im Nachhinein beschreiben sie es so, als hätten sie ihr ganzes Leben wie im Traum verbracht und plötzlich haben sie klargesehen. Ein solch tiefgreifendes Schlüsselerlebnis ist die eigene Ostererfahrung. Der erwachende Glaube ist eine Horizonterweiterung. Man war vorher wie tot und endlich ist man wirklich lebendig geworden. Endlich hat man erkannt, wem man sich selbst und das eigene Leben verdankt – und noch viel wichtiger: welchen Sinn es hat. Es gehört zu den wertvollsten Momenten unseres Lebens, wenn Christus in den dunkelsten Stunden unseres Lebens aufstrahlt.

- **Erzählen Sie sich gegenseitig, wie Sie zum Glauben gefunden haben! Gab es weitere Schlüsselmomente des Glaubens in Ihrem Leben?**

Ab Vers 15 werden im letzten Abschnitt unseres Textes praktische Konsequenzen aufgezählt. Eine davon heißt, dass man die Zeit auskaufen soll (V. 16).

- **Wie kaufen Sie die Zeit aus?**

Exkurs: Kairos

Hier ist nicht gemeint, Zeit so effektiv und sparsam wie möglich zu nutzen. So funktioniert unsere Gesellschaft, die nach dem Motto lebt: „Zeit ist Geld!"

Im Griechischen gibt es zwei Begriffe, die mit „Zeit" übersetzt werden können. Der erste Begriff heißt „chronos". Wir kennen ihn aus dem alten Wort Chronometer oder Chronik. Damit ist der gleichmäßige und stetige Zeitablauf gemeint, wie man ihn an einer Uhr ablesen kann. Paulus benutzt hier den anderen Begriff für „Zeit", nämlich „Kairos". Damit ist ein Zeitpunkt gemeint oder ein besonderer Moment. In der griechischen Mythologie wird „Kairos" als Gottheit beschrieben, die sich schnell und unablässig bewegt. Sein Kopf ist vollkommen kahl, bis auf eine lange Locke, die von seiner Stirn herabhängt. Sie ist die personifzierte Gelegenheit, die es „beim Schopfe" zu packen gilt, bevor sie vorbeigezogen ist.

Jeder von uns kennt solche besonders wertvollen Momente, in denen sich die Zeit verdichtet. Diese Augenblicke verdichten sich so sehr, dass man meint, sie mit Händen greifen zu können. Uns ist sofort ihre Einmaligkeit und Kostbarkeit bewusst.

Unser Autor möchte, dass wir bewusst und aufmerksam leben. Wir sollen uns nicht „auffressen“ lassen von unserem Alltag, sondern sensibel bleiben für diese besonderen Momente. Diese besondere Aufmerksamkeit ist nötig, um zum richtigen Zeitpunkt das Richtige zu tun. Wir sollen erkennen, was die „Stunde geschlagen hat“.

Wir sind heutzutage sehr abgelenkt von der Zukunft. Wir müssen den Tag planen, uns überlegen, was morgen oder in der nächsten Woche alles zu erledigen ist. Wir brauchen Oasen in unserem Alltag, an denen wir innehalten und ganz da sein können, wo wir gerade sind.

- **Wo haben Sie solche besonderen Momente erlebt? Wo haben Sie solche Augenblicke des Innehaltens in Ihrem Alltag?**

Die Schlussverse 18 bis 20 erinnern an eine gottesdienstliche Feier, wenn es heißt, dass man sich gegenseitig mit Psalmen und Lobgesängen erfreuen soll. Zugleich soll man sich nicht mit Wein volllaufen lassen. Aus heutiger Sicht passt beides nicht recht zusammen. Damals war der Gottesdienst viel stärker mit dem Alltagsleben verbunden. Beides vermischte sich: Man traf sich und aß miteinander. Diese Tischgemeinschaft wurde schon als Teil des Gottesdienstes begriffen.

Bei uns fällt beides heute auseinander. Der Gottesdienst hat mit unserem wirklichen Lebensvollzug kaum noch etwas zu tun. Der Epheserbrief könnte uns hier eine Hilfestellung sein, denn er empfiehlt uns, Gott Dank zu sagen allezeit für alles.

- **Diskutieren Sie darüber, wie Sie den Glauben besser in Ihren Alltag integrieren können. Wie könnten die Gottesdienste „alltagstauglicher“ werden?**

Hier ist Platz für Ihre eigenen Notizen

11 Die Ehe

Epheser 5,21-33

- **Wie ist das Verhältnis zu Ihrem Ehepartner/Lebenspartner? Wer hat welche Aufgaben?**

Lesen Sie den Text!

Exkurs: Haustafeln

In den späten Briefen begegnen diese ethischen Anweisungen für das Haus (Familie) und die Hausgemeinschaften (Gemeinde). Das kann als Hinweis verstanden werden, dass die Naherwartung der Wiederkunft Christi erloschen ist. Man richtet sich auf ein Leben in dieser Welt ein. Haustafeln gibt es neben unserem Text z. B. in folgenden Briefen:

Kol 3, 1. Tim 3 + 5, Tit 2, 1. Petr 5

Die Haustafeln werden oft kritisiert, weil die hierarchische Gesellschaftsstruktur als natürliche Ordnung des Zusammenlebens gar nicht hinterfragt wird. Das heutige Ideal der Gleichberechtigung zwischen Mann und Frau, Abschaffung der Sklaverei und Anspruch auf Kinderrechte kommt gar nicht vor. Hier wird der Abstand von 2000 Jahren Menschheitsgeschichte und die Weiterentwicklung ethischer Fragen besonders deutlich.

Haustafeln gibt es nicht nur in der Bibel. Sie sind auch außerhalb biblischer Schriften bekannt. Sie vermitteln einen ethischen Mindeststandard und stellen dar, was der gemeinsame gesellschaftliche Konsens ist. Bereits Aristoteles untersucht „die ursprünglichen und kleinsten Teile des Hauses Herr und Sklave, Gatte und Gattin, Vater und Kinder". Auf diese außerbiblischen Haustafeln greifen die Autoren der Briefe zurück und passen sie der Gemeindewirklichkeit an. Die Zusammenstellung der Verse 21-33 ist dem Kolosserbrief entnommen. Unser Verfasser hat lediglich einige Kommentare ergänzend eingefügt.

Auch wenn die unkritische Übernahme damaliger gesellschaftlicher Standards heute problematisch erscheint, kann man wertvolle Hinweise für unser heutiges Zusammenleben finden. Z. B. der Einstiegsvers: „Ordnet euch einander unter in der Furcht Christi“ (V. 21)

- **Diskutieren Sie den ersten Vers, der als Voraussetzung für alle weiteren Ausführungen verstanden werden kann! Was bedeutet das für Ihre Lebenspartnerschaft?**

Die antike Gesellschaftsordnung war streng hierarchisch organisiert. Es gab einen König, der absolute Machtbefugnisse über seine Untertanen hatte. Er wurde als „Hausvater“ seines Landes oder der Stadt verstanden. Der einzige, der über ihm stand, war Gott selbst. Diese Struktur setzte sich in allen Strukturen des Zusammenlebens fort, bis in die unterste Ebene der Familie. Die Familie in unserem Verständnis gab es in der Antike gar nicht. Es gab als kleinste Einheit das Haus. Zu so einem antiken Haushalt gehörten die Familienangehörigen: Eltern und Kinder, unverheiratete Frauen sowie Knechte oder Sklaven. In einem Haus wohnten zwischen 20 und 40 Personen zusammen. Der „Hausvater“ oder Patriarch hatte auch hier absolute Machtbefugnisse.

Unser Vers beschränkt diese als natürlich und ewig angesehene Ordnung, indem er vom Hausvater eine Unterordnung unter seine Familienmitglieder fordert. Das ist eine sehr ungewöhnliche Forderung und lenkt den Blick von den Rechten weg und hin auf die Pflichten und die Verantwortung: Ein Hausvater trägt Verantwortung dafür, dass es seinen „Schutzbefohlenen“ gut geht.

Dieser Gedanke ist eine wichtige Erinnerung auch für unsere moderne Gesellschaft. Im Grundgesetz heißt es: „Eigentum verpflichtet!“ Wer viel besitzt und viel Einfluss hat, trägt auch eine hohe Verantwortung für die Allgemeinheit. Das Ideal ist, dass er diesen Einfluss zum Wohle aller einsetzt. Dieser Gedanke ist heute weitgehend verloren gegangen. Oft geht es allein um Einflussnahme zum eigenen Vorteil. Das ist nicht verwunderlich, da unsere Gesellschaft auf den

Egoismus des einzelnen setzt, um das Wohl aller zu fördern. Diesen Grundgedanken des Kapitalismus hat Adam Smith schon formuliert und meint damit, dass jeder Produzent einer Ware versucht, die beste Qualität zu einem günstigen Preis zu erzeugen, um besser als die Konkurrenz zu sein. Das führt angeblich dazu, dass sich die allgemeine Lebensqualität steigert. Dieses Märchen wird bis heute geglaubt. Tatsache ist, dass nur wenige Menschen wirklich vom Kapitalismus profitieren, während die große Mehrheit auf der Verliererseite stehen, genauso wie die Natur, die zum Zwecke des Profits unwiederbringlich zerstört und ausgebeutet wird. Unser Text setzt hier einen anderen Akzent. Er sagt, dass sich sogar die „Hausväter" vor dem Herrn verantworten müssen. Alle – auch die Mächtigsten unserer Gesellschaft – sollen sich einander „in der Furcht Christi" unterordnen.

- **Wie wird das Verhältnis zwischen Mann und Frau in unserem Text beschrieben? Womit begründet unser Autor das?**

Die Frauen sollen sich ihren Männern unterordnen. Die Männer sollen im Gegenzug ihre Frauen lieben. Paulus begründet dieses Verhältnis damit, dass Christus das Haupt ist, dem sich alle Gemeindeglieder unterordnen. Christus liebt im Gegenzug die Gemeinde und hat nur das Beste der Mitglieder im Sinn. Im Idealfall achten alle Familienmitglieder aufeinander. Dann spielt das Machtgefälle zwischen Mann und Frau keine große Rolle.

- **Wie empfinden Sie die Rollenaufteilung zwischen Mann und Frau? Welche Vorteile hat sie? Welche Nachteile gibt es?**

Exkurs: Polarität der Geschlechter

Gleichberechtigung ist ein hohes Gut. Das bedeutet aber nicht Uniformität oder Gleichheit, wie es heute oft missverstanden wird. Z. B sollen Mädchen auf dem „Girls-day" typische Männerberufe kennenlernen. Es wird kaum noch gesehen, dass es körperliche Unterschiede zwischen Mann und Frau, eine Polarität der Geschlechter gibt. Man behauptet eine Gleichheit von Geburt an, die durch die Erziehung zunichte gemacht wird. Geschlechterverhalten sei erlernt und nicht biologisch vorgegeben.

In dieser Vorstellung steckt ein großes Wahrheitsmoment, das man nicht einfach abtun sollte. Der gewaltige Konsumdruck, der auf Eltern von Babys und Kleinkindern lastet, treibt oft wilde Blüten: Warum müssen Jungs mit Autos und Mädchen mit Puppen spielen? Warum bekommen Mädchen rosa Strampler angezogen, während Jungs immer in blau gekleidet sind? Man sollte auch bedenken, dass es eine Diversität in der Eigenwahrnehmung der Geschlechtlichkeit gibt: Es gibt Schwule und Lesben, Menschen, die sich im falschen Körper fühlen oder einfach gern die Kleidung des anderen Geschlechts tragen. Die moderne westliche Gesellschaft hat diesen bisher ausgegrenzten Menschen eine Stimme und Möglichkeiten gegeben, ihre von der Mehrheit abweichende Geschlechtlichkeit zu leben.

Andererseits versteht sich die Mehrheit der Bevölkerung als Mann oder Frau. Es gibt die Polarität der Geschlechter und Einheit zwischen ihnen entsteht nicht durch Gleichmacherei. Sie verwirklicht sich in der Unterschiedlichkeit – und die sollte man nicht zu schnell „glattbügeln". Dass es Unterschiede zwischen Mann und Frau gibt, zeigt sich schon in der verschiedenen Körperlichkeit, die sich natürlich auch in einem unterschiedlichen Körper*gefühl* äußert. Das heißt aber nicht, dass sie nicht gleich viel wert sind. Es bedeutet, dass sie komplementär aufeinander bezogen sind. Die Einheit zwischen ihnen entsteht, wenn sie in ihrer Verschiedenheit zusammenkommen. Dieses Verhältnis ist wie ein Bild der Dreiheit Gottes: Gott bildet in der Unterschiedlichkeit des Vaters und des Sohnes und des Heiligen Geistes eine Einheit. Diese dreifache Beziehung beschreibt das, was wir als göttlich erkannt haben. Eine dieser Erscheinungsformen allein reicht nicht aus, um zu erklären, wer für uns Gott ist und wie er in unserem Leben wirkt. So ist auch das Menschsein nicht ohne die beiden Geschlechter verständlich. Sie gehören zusammen, sind aber unterschiedlich. Erst in ihrer Zweiheit bilden sie das Menschsein in seiner Ganzheit ab.

- **Wie soll der Mann konkret sein Verhältnis zur Ehefrau gestalten?**

Exkurs: Liebe in der Antike

Die Männer sollen ihre Ehefrauen lieben. Das Wort Liebe kommt in diesem Abschnitt sehr häufig vor. Wir sind verleitet, mit unserem Verständnis von Liebe diese Beziehung zu sehen. Allerdings gibt es diese romantische Art der Beziehung erst seit etwa 200 Jahren. Eine „Liebesheirat“ ist hier nicht im Blick. Der Mann soll seine Frau nicht anhimmeln, faszinieren oder beglücken. Die Gefühlsebene spielt keine Rolle. Ehen wurden früher nicht aus gegenseitiger Zuneigung geschlossen, sondern aus wirtschaftlichen Erwägungen: Es ging um eine Versorgungsgemeinschaft. Das ist ein ganz anderes Verständnis von Ehe als heute.

Es gibt verschiedene Ebenen von Liebe. Seine Freunde liebt man auf andere Weise als seinen Partner. Seine Kinder liebt man wieder auf andere Weise als seine Eltern. Diese unterschiedlichen Ebenen gibt es auch in der Paarbeziehung:

1. Es gibt die leidenschaftliche Liebe. Damit ist die Körperlichkeit und Sexualität gemeint. Hier haben die starken Liebesgefühle ihren Platz, die ihren Ausdruck in der Einswerdung und Verschmelzung miteinander haben.

2. Es gibt aber auch die freundschaftliche Liebe. Damit sind die Bereiche gemeint, in denen man Hobbys miteinander teilt oder die je eigene Sichtweise der Welt austauscht. Man gibt und bekommt Anregungen vom anderen, die zu einer Persönlichkeitsentwicklung führen.

3. Als letztes gibt es die partnerschaftliche Liebe. Damit sind die gemeinsamen Projekte gemeint, die man miteinander angeht und

gemeinsam in der gegenseitigen Ergänzung besser bewältigt als allein. Das kann der gemeinsame Hausbau sein, die Organisation des Alltags, des Haushalts und natürlich das „Großprojekt“ Kindererziehung.

In der Antike hatte man nur letzteres im Blick: Ehe war dazu da, um in einer potentiell feindlichen Umwelt besser leben zu können. Kinder, vor allem männliche Nachkommen waren ein Segen, weil sie die Gemeinschaft stärken und größeren Schutz bedeuteten. Deshalb ist es nur logisch, dass der Umgang mit der Ehefrau unmittelbar etwas mit dem eigenen Leben zu tun hat: „Wer seine Frau liebt, der liebt sich selbst.“ (V. 28) oder „Denn niemand hat je sein eigenes Fleisch gehasst“ (V. 29) Wer eine gute Ehe führt, tut sich selbst etwas Gutes.

Wir legen heute das Schwergewicht auf die romantische Ebene der Ehe. Die Liebe zueinander soll auch nach 40 Jahren noch mit Begehren und Lust, mit Faszination am anderen verbunden sein. Es ist natürlich wunderbar, wenn das klappt. Es setzt aber die „Messlatte“ für die Qualität einer Beziehung sehr, sehr hoch. Unser Text kann hier ein Korrektiv sein: Es geht nicht nur um Leidenschaft. Ehe und Partnerschaft können intakt sein, obwohl die Romantik gerade nicht sehr viel Raum einnimmt. Es gibt unterschiedliche Phasen, in denen sich das Verhältnis zueinander je neu ordnet: Es ist ein Unterschied, ob man gerade kleine Kinder hat oder diese gerade aus dem Haus gehen, ob man frisch verheiratet oder schon 30 Jahre zusammen ist. Wichtig ist, den Blick füreinander zu bewahren und die Beziehung zueinander lebendig zu halten.

- **Wie können Sie Ihrer Ehe oder Partnerschaft etwas Gutes tun?**

Im Vers 31 benutzt unser Autor ein Zitat aus der Schöpfungserzählung, um das Verhältnis zwischen Mann und Frau zu beschreiben.

- **Was halten Sie von diesem Zitat aus 1. Mose 2,24? Welche Auswirkungen hat das auf Ihre Beziehung und die Beurteilung anderer Partnerschaften?**

Dieser Vers trägt eigentlich einen Widerspruch in sich, der oft übersehen wird: Wenn eine Frau damals heiratete, verließ sie ihre Familie und kam in das Haus des Ehemannes. Das passierte in drei Schritten, die auch in unserem Text angedeutet werden:

1. Bereitung. Die Frau bereitete sich auf die Überführung vor, indem sie ein Bad nahm, sich gründlich reinigte. Das hatte auch rituelle Funktion. Danach wurde sie mit wertvollen und wohlriechenden Ölen gesalbt. Schließlich wurde sie neu eingekleidet, da sie nun ein neues Leben im Haus des Ehemannes begann.

2. Präsentation. Die neue Braut wird ihrem Ehemann vorgeführt. Symbolisch wurde ausgedrückt: Die Frau wird ohne Makel und untadelig übergeben.

3. Hochzeitsjubel. Die Anwesenden bezeugen mit ihrer Freude den neuen Stand, in den Ehefrau und Ehemann eintreten. Dadurch wurde die Ehe auch rechtlich gültig.

1. Mose 2,24 sagt jedoch das Gegenteil aus: Der Mann wird Vater und Mutter verlassen, um seiner Frau „anzukleben". Dieser Vers enthält eine heimliche Kritik und zeigt eine „Schwäche im System auf": Die Frau ist der Willkür schutzlos ausgeliefert. Wenn es schlecht läuft, ist sie der Hierarchie im neuen Haus und der nicht immer wohlmeinenden Schwiegermutter hoffnungslos unterlegen. Deshalb soll der Ehemann im übertragenen Sinne sein Haus verlassen und seiner Frau anhängen – er soll seine Loyalität ganz bei ihr haben und sich auf ihre Seite stellen. Psychologisch gesprochen: Der Mann soll seine Abhängigkeit und Bezogenheit auf seine Mutter überwinden (Ödipus-Komplex), um zu einer selbstständigen Persönlichkeit als gleichwertiges Gegenüber zu seiner Partnerin zu reifen.

- **Wie hat sich Ihre Ehe im Laufe der Zeit verändert? Was ist Ihnen anfangs wichtig gewesen? Was hat im Laufe der Jahre an Bedeutung gewonnen?**

Hier ist Platz für Ihre eigenen Notizen.

12 Die Familie

Epheser 6,1-9

Lesen Sie den Text unter folgender Fragestellung:

- **Welche Werte sind Ihnen im Familienleben besonders wichtig? Was ist nicht so wichtig?**

Es gibt einen Forschungszweig, der sich mit den Gründen beschäftigt, warum manche Familien gut funktionieren und andere nicht. Ein sehr wichtiger Indikator für ein gut funktionierendes Familienleben waren regelmäßige gemeinsame Mahlzeiten. Dieser erstaunliche Fakt wird damit begründet, dass man am Essenstisch zusammenkommt und miteinander über den Tag redet. Die Familie tauscht Erlebnisse und Erfahrungen aus. Hier kommen auch Probleme auf den Tisch. Solange sie im Gespräch bleiben, gibt es auch Lösungen und bekommt Entwicklungen des anderen mit. Wenn man diese festen Zeiten der gemeinsamen Kommunikation nicht mehr hat, lebt man sich auseinander – und irgendwann fällt die Familie auch auseinander.

In unserem Text geht es zunächst um die Beziehung der Eltern zu ihren Kindern. Eine besondere Rolle bekommen die Väter gegenüber ihren Kindern. Der Grund liegt in der Struktur des Hauses, das wir in der elften Einheit mit den Haustafeln bereits besprochen hatten. Die Väter hatten eine herausgehobene Machtposition, da von ihrem Wort das Wohl der gesamten Familie abhing. Deshalb ist es nicht verwunderlich, dass unser Autor seine Aufmerksamkeit besonders auf sie richtet.

Die Kinder sollen ihren Eltern Gehorsam leisten. Das wird mit den zehn Geboten begründet.

- **Inwiefern sollen die Kinder ihren Eltern gehorsam sein? Wie kann das im Alltag aussehen? Was hat man sich darunter vorzustellen?**

Sofort hat man die Vorstellung im Kopf, die kleinen Kinder sollen ihren Eltern gehorchen. Allerdings ist hier nicht die Erziehung von Kindern im Blick. Die zehn Gebote richten sich an Erwachsene, nicht an Kinder. Also geht es um das Verhältnis Erwachsener zu ihren Eltern. Ihnen die Ehre zu geben bedeutet, sie im Alter zu versorgen. Es gab keine Altersvorsorge oder Rente, sondern die Kinder waren dafür zuständig. Wenn die Eltern alt werden und zunehmend als Belastung empfunden werden, sollen sie trotzdem versorgt werden. Das hat zur Konsequenz, dass man selbst lange lebt auf Erden. Das positive Vorbild wird dazu führen, dass die eigenen Kinder genauso handeln: Wenn man selbst alt wird, werden sie so handeln, wie sie es bei ihren Eltern gesehen haben.

- **Wie kann es in Zeiten von Vorsorge und Rente aussehen, den Eltern die Ehre zu erweisen?**

Heute gilt alles, was alt ist, als unmodern und überholt. Das Neue und Moderne ist das Gute und Begehrenswerte. In der Antike war das anders, weil sich die Welt nicht so schnell verändert hat. Die Söhne führten ein ähnliches Leben mit ähnlichen Ansichten wie die Väter. Die Töchter lernten die gleichen Methoden der Haushaltsführung wie ihre Mütter. Vielleicht kann man auch hier von den antiken Vorstellungen lernen: Traditionen waren wichtiger als heute. Sie garantierten den Fortbestand der Ordnung. Das Alte ist das, was sich bewährt und als richtig erwiesen hat. Das Neue ist unberechenbar, aber das Alte hält das Chaos fern. Deshalb erwies man den alten Menschen Respekt, denn sie kannten die bewährten Ordnungen. Ihre Weisheit gab der jungen Generation eine klare Richtschnur, wie das Leben funktioniert. Im Laufe ihrer Lebensjahre haben sie sich eine Kompetenz angeeignet, von der man als junger Mensch nur profitieren kann. Deshalb hörte man auf ihren Rat.

Diese Sicht wirkt heute verstaubt und antiquiert. Wir sehen die alten Menschen eher als hilfsbedürftig an, weil sie in der modernen Welt nicht so gut zurechtkommen wie die jungen Menschen. Trotzdem sollte man darauf hören, was sie zu sagen haben. Ihre Expertise ist nicht der moderne Lebensstil, sondern das, worauf es im Leben ankommt und wie man es mit Sinn füllt. Ein langes Leben beschert auch die Erfahrung, was dem Leben Tiefe und Fülle verleiht.

- **Merkwürdig erscheint die Aufforderung an die Väter, ihre Kinder nicht zum Zorn zu reizen (V. 4). Was hat es damit auf sich?**

Die Väter sollen ihre Macht und Überlegenheit gegenüber ihren Kindern nicht ausnutzen, denn Zorn entsteht, wenn man sich hilflos und machtlos fühlt. Wenn man den (erwachsenen) Kindern seinen Willen aufzwingt, erreicht man vielleicht, dass sie tun, was man von ihnen verlangt. Dabei verliert man sie gleichzeitig, weil die Beziehung daran zerbrechen kann.

- **Wenn es um die Beziehung zwischen den erwachsenen Kindern und ihren alten Eltern geht: Welche Art der Erziehung ist dann in Vers 4 gemeint? Was sollen die Kinder lernen?**

Es geht um Glaubensinhalte. Hier stehen wir ganz in der Tradition des Alten Testaments. Die Väter hatten die Aufgabe, Glaubensinhalte zu vermitteln. Eine zentrale Stelle in der Tora (5 Bücher des Mose) sind die Verse, die mit den Worten beginnen: „Höre Israel…“ (5. Mose 6,4)

Da heißt es: „Und diese Worte, die ich dir heute gebiete, sollst du zu Herzen nehmen und sollst sie deinen Kinder einschärfen und davon reden, wenn du in deinem Hause sitzt…“ (5. Mose 6,6-7)

Im weiteren Verlauf steht da: „Wenn dich dein Sohn morgen fragen wird: Was sind das für Gebote und Rechte, die euch der Herr, unser Gott, geboten hat?, so sollst du deinem Sohn sagen: Wir waren Knechte des Pharao in Ägypten und der Herr führte uns aus Ägypten mit mächtiger Hand (5. Mose 6,20.21)

Aus diesen für die Juden sehr wichtigen Passagen wird deutlich, dass es die vornehmliche Aufgabe der Eltern ist, an ihre Kinder die Erfahrung des Glaubens weiterzugeben. Das hat unser Autor vor Augen, der in der jüdischen Tradition beheimatet ist.

- **Wie haben Sie versucht, den Glauben an Ihre Kinder weiterzugeben? Wie haben diese das aufgenommen?**

Im nächsten Abschnitt geht es um das Verhältnis der Sklaven zu ihren Herren. Es fällt auf, dass Sklaverei überhaupt nicht kritisch hinterfragt wird. Sie wird einfach als selbstverständlich hingenommen. Das mutet befremdlich an in einer Zeit, in der Sklaverei als Verbrechen gegen die Menschlichkeit gewertet wird.

Bevor wir nun diese unkritische Haltung kritisieren, sollten wir uns fragen, welche Formen verdeckter Sklaverei es in unserer Gesellschaft gibt, die wir für völlig normal halten. Es ist nicht gerecht, dass Menschen in einem prekären Beschäftigungsverhältnis stehen. Trotzdem haben wir ein Problem damit, wenn Menschen sich dieser Art der Ausbeutung verweigern und lieber arbeitslos sind. Auf Kosten des Staates zu leben finden wir schlimmer, als die Arbeitskraft unter unwürdigen Bedingungen zur Verfügung zu stellen.

Man merkt, dass ethische Bewertungen von gut und böse, richtig und falsch immer auch der jeweiligen Epoche unterliegen. Deshalb sollte man mit Urteilen oder gar *Ver*urteilungen anderer Menschen vorsichtig sein.

Es gibt noch ein weiteres Problem, das vielleicht nicht ganz so offensichtlich ist: Es heißt in Vers 5, dass die Sklaven ihren Herren „mit Furcht und Zittern" gehorchen sollen, so wie sie sich Christus unterordnen. Mit einer ähnlichen Begründung haben Könige und Fürsten Gehorsam von ihren Untertanen verlangt. Sie begründeten ihre Herrschaft „von Gottes Gnaden". Sie wurden in ihre herausgehobene Stellung hineingeboren – deshalb stand ihnen das Recht zu, Macht und Gewalt auszuüben. Widerstand wurde als Widerstand gegen Gott und seine Ordnung gedeutet.

Immerhin sollen die Herren mit ihren Sklaven so umgehen, wie sie es vor dem Herrn verantworten können. Das ist eine Begrenzung der Willkür und des Missbrauchs der Macht, die sie über ihre Sklaven haben. Im Vers 9 heißt es, dass bei Gott kein Ansehen der Person gilt. Das ist die zaghafte Andeutung, dass vor Gott alle Menschen gleich sind. Das ist ein sehr moderner Gedanke in einer Welt, die von der Arbeitskraft der Sklaven abhängig ist, wie unsere Gesellschaft vom Erdöl und Computerchips.

- **Welche Art von Herrschaft ist aus Ihrer Sicht vor Gott legitim? Welche nicht? Welche Bibelstellen fallen Ihnen zu diesem Thema ein?**

Wenn man die gesamte Haustafel anschaut, erkennt man ein Schema, das sich durch sie hindurchzieht:

1. Die Frauen sollen sich ihren Männern unterordnen. Die Männer sollen ihre Frauen lieben.

2. Die (erwachsenen) Kinder sollen sich ihren Vätern unterordnen. Die Väter sollen ihre Kinder zum Glauben erziehen und sie nicht zum Zorn reizen.

3. Die Sklaven sollen ihren Herrn dienen. Die Herren sollen gut mit ihren Sklaven umgehen.

Unserem Autor geht es um die häusliche Gemeinschaft. Heute muss man übersetzen: Ihm geht es um das Leben in der Familie. Sie hat für ihn herausragende Stellung und bildet das Vorbild für Gemeinde, die in der damaligen Zeit noch stark als Hausgemeinde gelebt wurde. Da boten sich solche Parallelen regelrecht an, die in unsere heutige Gemeindestruktur nicht ohne Weiteres übertragen werden können.

Zum Abschluss muss die Frage gestellt werden, wie diese Haustafel, die sich stark an jene im Kolosserbrief orientiert, zu bewerten ist: Soll man diese Anweisungen unhinterfragt befolgen? Ist die Forderung von Gehorsam und Unterordnung ein ewiges, weil biblisches Gesetz, oder darf man es als zeitbedingt hinterfragen? Die Beantwortung dieser Frage hängt stark davon ab, wie man die Bibel versteht: Ist sie ein heiliges Buch, das buchstabengenaue Befolgung fordert, oder ist sie auch ein historisches Dokument, das aus der Feder von Menschen stammt, die in einer antiken Umwelt vor 2.000 Jahren lebten, deren Vorstellungen wir heute nicht mehr teilen? Worauf man sich aber einigen kann, ist Folgendes:

1. Gegenseitige Unterordnung und Rücksichtnahme fördert die Gemeinschaft.

2. Wer seine Macht gegenüber Schwächeren missbraucht, setzt sich vor Gott ins Unrecht.

3. Ordnung ist besser als Anarchie und Chaos.

4. Theorie und Praxis fallen oft auseinander: Wir halten diese Werte für richtig, halten uns aber nur daran, wenn es unseren Interessen dient.

- **Wie gehen Sie damit um, wenn jemand andere Werte vertritt als Sie? Was tun Sie, wenn Sie der „Stärkere" sind? Was tun Sie, wenn Sie der „Schwächere" sind?**

Hier ist Platz für Ihre eigenen Notizen.

13 Ausgerüstet zum Kampf

Epheser 6,10-20

Lesen Sie den Text!

- **Wie finden Sie, dass ein sehr kriegerisches Bild für den christlichen Glauben verwendet wird? Begründen Sie Ihre Meinung!**

Exkurs: Gewalt

Es ist immer schon eine wichtige Frage gewesen, wie man den Anspruch Jesu der Gewaltlosigkeit im Alltag verstehen oder sogar umsetzen kann. Es ist eine brennende ethische Frage, ob und wie die Forderungen der Bergpredigt z. B. in der Politik umgesetzt werden können. Man behalf sich mit der Unterscheidung, die der Soziologe Max Weber eingeführt hat. Er unterschied zwischen einer Gesinnungsethik und einer Verantwortungsethik. Demnach gehört die Bergpredigt zur Gesinnungsethik, die ein Ideal darstellt, das es anzustreben gilt. Jeder trägt ein solches ethisches Konzept in sich, das aber an der Realität und den Zwängen der Lebensumstände scheitert. Denn im Alltag greift die Verantwortungsethik, die z. B. fordert, dass sich ein Staat bewaffnen muss, um gegen Angriffe geschützt zu sein. Nur der Starke kann Ansprüche durchsetzen. Der Schwache wird einfach belächelt und übergangen. Eine weitere grundsätzliche Unterscheidung muss hier vorgenommen werden: Jeder kann für sich persönlich entscheiden, die Bergpredigt mit ihren pazifistischen Ansichten umzusetzen. Sobald aber andere Menschen davon betroffen sind, z.B. die eigenen Kinder, die dieser Entscheidung nicht zustimmen konnten, kann man diese Entscheidung nicht einfach für sie mit treffen. Die Grenze der persönlichen Entscheidung ist also immer dort, wo sie ungefragt andere Menschen betreffen.

Die Logik Max Webers, zwischen Verantwortungsethik und Gesinnungsethik zu unterscheiden, leuchtet zunächst ein. Trotzdem hat Jesus anders gehandelt, also nicht zwischen Gesinnung und Verantwortung unterschieden. Er hat gesehen, dass die gegenseitige Bedrohung zu einer Spirale der Gewalt führt. Wer sich z. B. vom Nachbarn bedroht fühlt, rüstet auf. Diese Spirale lässt sich nur durchbrechen, wenn man sich nicht länger von der Angst antreiben lässt. Sie führt dazu, dass man versucht, sich abzusichern und seine Umgebung zu kontrollieren. Man darf sich also nicht von der Angst antreiben lassen, sondern muss mit Vertrauen antworten. Im Bild gesprochen: Wenn die Waffen auf mich gerichtet sind, senke ich meine Waffen. Damit signalisiere ich meine friedlichen Absichten. Jesus ist diesen Weg gegangen – und er führte ihn ans Kreuz.

Es ist bis heute eine offene Frage, wie man angemessen auf die Gewalt in unserer Welt antwortet. Es gibt inzwischen Institute, die sich der Friedensforschung widmen. Vielleicht ist in der Zukunft eine Welt ohne Kriege möglich.

- **Haben Sie Gewalt erlebt? Wie sind Sie damit umgegangen? Welche Lösungen schlagen Sie vor, um Frieden zu stiften oder zu erhalten?**

Unser Autor benutzt eine sehr kämpferische Sprache, weil er die schwache Position der Christen in Ephesus vor Augen hat. Hier stand der Artemis-Tempel. Er war der größte Tempel der Welt und galt wegen seiner Größe als eines der sieben antiken Weltwunder. Dieser Tempel hatte Weltbedeutung, war prachtvoll eingerichtet und hatte tausende Anhänger. Angesichts dieser sichtbaren und greifbaren Demonstration der Macht war der christliche Glaube kümmerlich. Die Christen hatten keinen Tempel, keinen Einfluss und nicht einmal eine besonders attraktive Religion. Es erschien den Menschen damals grotesk, einen

Gott anzubeten, der zuließ, dass man seinen Sohn kreuzigte. Das konnte die wenigen Christen, die sich in kleinen Hausgemeinschaften trafen, entmutigen und an ihrem Glauben zweifeln lassen.

Auf diesen augenfälligen Unterschied zwischen Anspruch und Realität geht Paulus hier ein. Er sagt, es komme nicht darauf an, was man sieht, sondern auf das, was man nicht sieht. Er stellt der sichtbaren Welt die unsichtbare, geistliche Welt gegenüber.

- **Wie bewerten Sie das heutige Verhältnis des Christentums zu dieser Welt? Was hat sich verändert? Was ist immer noch so wie damals?**

Der Verfasser schreibt in Vers 12: „... wir haben nicht mit Fleisch und Blut zu kämpfen, sondern mit Mächtigen und Gewaltigen, mit den Herren der Welt, die über diese Finsternis herrschen, mit den bösen Geistern unter dem Himmel."

Das ist eine für uns befremdliche Vorstellung. Unsere aufgeklärte Gesellschaft glaubt nicht mehr daran, dass die Welt mit unsichtbaren Geistern erfüllt ist, die man mit allerlei Zauberformeln beeinflussen kann.

- **Wie kann man Vers 12 in unserer heutigen Zeit verstehen?**

Unser Text stellt ein Korrektiv zu unserer Gesellschaft dar, die immer individualistischer und privater wird. Z. B. wird der Glaube immer individualistischer. Es kommt darauf an, dass jeder eine persönliche Entscheidung für Jesus trifft. Immer mehr Bereiche der öffentlichen Daseinsfürsorge werden privatisiert. Unser Text macht deutlich: Es gibt nicht nur das Private, sondern auch das Öffentliche. Es gibt „Mächte und Gewalten", denen wir unterworfen sind und die unser Denken und Fühlen beeinflussen. Das können Ideologien oder Weltanschauungen sein. (Alles was mit - ismus aufhört: Kommunismus, Kapitalismus, Materialismus.) Das kann die ewige Jagd nach Reichtum und den vermeintlich begehrenswerten Dingen dieser Welt sein. Wir sind vielen Einflüssen ausgesetzt, gegen die wir uns gar nicht oder nur schwer wehren können. Das ist die Globalisierung unserer Welt, die digitale Verwertung unserer persönlichen Daten, um uns durch maßgeschneiderte Werbung zum Konsum zu bewegen. Wir haben Einstellungen und Meinungen, die uns gesellschaftlich eingeprägt sind und die wir nie hinterfragen. Es gibt Kräfte, also „Gewalten und Mächte", die uns nicht immer im Guten prägen und zum Guten bewegen.

Dann werden die einzelnen Elemente der „geistlichen Waffenrüstung" aufgezählt.

- **Welche Elemente der Rüstung werden genannt? Welche Bedeutung haben sie? Womit können Sie am meisten anfangen und womit nur sehr wenig?**

Das Bild der Waffenrüstung ist nicht neu. Es kommt im Alten Testament beim Propheten Jesaja 59,17 und im Buch der Weisheit 5,19-21 vor. Dieses kämpferische Bild hat Paulus im Ersten Thessalonicherbrief 5,8 und in seinem Brief an die Römer 13,12 verwendet. Vergleicht man die Bibelstellen miteinander, stellt man fest, dass die Kleidungsstücke und Waffen variieren: „Helm des Heils" heißt es bei Jesaja, während im Buch Weisheit der „Helm als unbestechliches Gericht" verstanden wird. Deshalb dürfen die Zuschreibungen der Eigenschaften zu bestimmten Waffen und Kleidungsstücken nicht zu eng gesehen werden.

Dem Autor steht ein römischer Legionär vor Augen. Er gliedert das Bild in zwei Teil, die jeweils drei Stücke der Ausrüstung enthalten:

Umgürtet mit Wahrheit
Brustpanzer der Gerechtigkeit
Beschuht mit dem Evangelium des Friedens

Schild des Glaubens gegen die Pfeile des Bösen

Helm des Heils
Schwert des Geistes – Wort Gottes

Die erste Dreierreihe bezeichnet Stücke, die man festschnallt oder anbindet, also anzieht, bevor man in den Kampf zieht. Man muss wissen, dass die Legionäre die meiste Zeit ihres Dienstes von einem Ort zum anderen marschiert sind. Mit dem schweren Gepäck war das eine der hauptsächlichen Herausforderungen ihres Soldatenlebens. In Kämpfe gerieten sie nur sehr selten. Das mochte der Autor vor Augen gehabt haben, denn darauf kommt es im Glauben auch an. Der Gläubige ist in diesem Leben „auf Wanderschaft". Sein Zuhause hat er nicht in dieser Welt, sondern bei Gott.

Die zweite Reihe bezeichnet Waffen, die man im direkten Feindkontakt braucht und kurz vor dem Kampf ergreift. Zwei von ihnen dienen der Verteidigung, das Schwert dem Angriff. Gemeint ist hier vermutlich das Gladius – das römische Kurzschwert. Es war die Standardwaffe der römischen Fußsoldaten und sehr wirksam. Auf diese Wirksamkeit kommt es dem Autor hier an: Das Wort Gottes ist so wirksam wie ein Gladius in der Hand eines römischen Soldaten. Als Christ soll man sich auf Gottes Wort verlassen, nicht auf eigene Stärken und Fähigkeiten. Es hat herausgehobene Stellung innerhalb der Aufzählung, weil es die einzige Angriffswaffe und daher aktiv einzusetzen ist. Die anderen Gegenstände dienen entweder der Verteidigung oder sind Kleidungsstücke.

Es fällt auf, dass die hier genannten Gegenstände zwar dem Krieg dienen, aber mit Begriffen des Friedens verbunden werden. Dadurch werden diese Gegenstände neu gedeutet: Die Stärken der Christen dienen nicht dem Krieg und der Zerstörung, sondern der Gerechtigkeit, der Wahrheit, dem Heil.

Es fällt auch auf, dass insgesamt sechs geistliche Eigenschaften genannt werden und wie eine angefügte Ergänzung als siebte Eigenschaft das „Wort Gottes". Das ist kein Zufall. Hier spielt die Zahlensymbolik eine große Rolle. Zahlen waren nicht wie heute einfach nur Ziffern, sondern jede Zahl hatte eine tiefere Bedeutung. Die Zahl sechs bezeichnete die diesseitige Welt. Es gibt oben und unten, vorn und hinten, rechts und links. Das siebte Element, das „Wort Gottes" weist über diese Welt hinaus, denn die Zahl sieben stand für das Heilige, die Fülle und Ganzheit. In der Offenbarung gibt es sieben Siegel und sieben Posaunen. Der siebte Tag ist der Ruhetag, an dem Gott seine Schöpfung begutachtete. Es gab in Ägypten sieben fette und sieben magere Jahre. In unserem Fall geht es um das Wort Gottes, das wie ein scharfes Schwert die wirksamste Waffe ist, um Menschen vom Evangelium zu überzeugen.

- **Was ist das Wort Gottes? Wie kann es heute die Menschen erreichen?**

Nach dieser Aufzählung fordert Paulus die Epheser auf, allezeit zu beten und zu wachen. Diese Aufforderung hat eine lange Wirkungsgeschichte entfaltet. Man hat sich durch die Kirchengeschichte immer wieder gefragt, wie man allezeit wachen und beten soll.

- **Was bedeutet dieses „allezeit wachen und beten" für Sie? Wie deuten Sie diese Aufforderung?**

Es gibt Traditionen in der Orthodoxen Kirche, die dieses Gebot wörtlich nehmen. Mönche haben in jahrelanger Übung trainiert, selbst im Schlaf zu beten oder wenn sie sich auf etwas ganz anderes konzentrieren.

Man darf wohl trotzdem davon ausgehen, dass Paulus diese Worte nicht wörtlich meint. Er setzt sie an den Schluss dieses Abschnitts – und des inhaltlichen Teils seines Briefes, denn danach folgen nur noch persönliche Grüße und Segenswünsche. Er will diese Verse als Fazit und wichtigste Konsequenz verstanden wissen. Das Wichtigste für ihn ist also eine allgemeine und dauerhafte Gebetshaltung einzunehmen. Christen sind nie nur im Alltag unterwegs. Als Tempel Gottes selbst stehen sie immer in Verbindung mit Gott. Ihr Leben ist nicht profan, sondern heilig. Deshalb bezeichneten sich die ersten Christen gegenseitig auch als „Heilige". Da das Christsein auch Kampf ist – das zeigt nicht nur das kämpferische Bild, sondern auch die Erinnerung daran, dass Paulus in Gefangenschaft ist – sind Gebet und Wachsamkeit besonders wichtig. Im Gebet drückt man Solidarität füreinander aus, stärkt die Verbindung zu Gott und die Gemeinschaft.

- **Wie oft beten Sie? Wie kann man sein Leben in einer „Gebetshaltung" führen?**

Hier ist Platz für Ihre eigenen Notizen.

14 Briefschluss

Epheser 6,21-24

Lesen Sie den Text unter folgender Fragestellung:

- **Was ist die besondere Botschaft im Briefschluss?**

Der Austausch von Nachrichten und sich gegenseitig zu ermutigen sind wesentliche Elemente des Briefschlusses. Dieser Aspekt spielt eine wichtige Rolle in der weltweiten Verbundenheit der Christen untereinander. Das Gebet im vorhergehenden Abschnitt, das den Schluss des inhaltlichen Teils des Briefes markiert, hatte die Gemeinschaft im Glauben als Schwerpunkt. Die Christen der ganzen Welt sind durch den Glauben an Jesus Christus miteinander verbunden. Auch wenn die Gruppe, der man sich vor Ort zugehörig fühlt, klein ist, so gibt es doch das große Netzwerk aller Christen weltweit. Gott ist größer und mächtiger als es in der Kleinheit vor Ort den Anschein hat.

Der Segen nimmt Bezug auf den Anfang des Briefes. Der Verfasser hatte mit „Gnade und Frieden“ begonnen und beschließt seinen Brief nun mit Frieden und Gnade.

- **Was sind die Kerngedanken, die Sie aus dem Epheserbrief für sich festhalten wollen? Welche Aspekte des Glaubens und des Gemeindelebens sind Ihnen wichtig geworden?**

Die ersten Christen bezeichnen sich selbst als „Heilige“. Damit betonen sie ihre aus dem Alltag herausgehobene Stellung. Christen brauchen keine Tempel, um ihrem Gott zu begegnen. Sie selbst sind Ausdruck der Wahrheit und Wirklichkeit Gottes in dieser Welt.

Die Gemeinde ist der Ort, an dem sich diese Wahrheit und Wirklichkeit Gottes offenbart. Indem die Christen Verantwortung füreinander übernehmen, geben sie Zeugnis von einer Realität, die man nicht sehen kann, aber trotzdem real ist.

Es gibt eine persönliche Seite des Glaubens. Er ist ein Schatz, den man für sich in Anspruch nehmen kann, aber nicht muss. Man kann sich auch dagegen entscheiden. Allerdings wäre das so, als würde ein Bettler einen Koffer voll Geld finden, ohne ihn für sich zu verwenden. Wer einen Schatz findet, lässt ihn nicht einfach liegen. Deshalb ist es zwar eine theoretische Möglichkeit, sich dem Glauben zu verweigern. In der Praxis wird er ihn aber mit offenen Armen und Freude empfangen.

Neben dieser persönlichen Seite gibt es aber auch eine allgemeine oder gemeinschaftliche Seite des Heils. Die Gemeinde ist der Ort, an dem alle gesellschaftlichen Unterschiede und Stellungen aufgehoben werden. Paulus beschreibt die Gemeindewirklichkeit im Galaterbrief 3,28 so: Da ist weder Jude noch Grieche, weder Freier noch Unfreier, weder Mann noch Frau. Dadurch entsteht der Schalom, ein Frieden, der alle Trennung überwindet und die Menschen zueinanderführt. Der Ort dieses Friedens ist die Gemeinde, die im Epheserbrief mit verschiedenen Bildern verbunden wird: Gemeinde ist der Tempel Gottes. Sie ist Wohnung des Heiligen Geistes. Sie ist der Bau, in dem alle Christen wie Bausteine ihren richtigen Platz haben.

- **Diskutieren Sie über den universalen und persönlichen Charakter des Glaubens! Welcher Aspekt war Ihnen bisher wichtiger?**

Aus diesen Vorstellungen ergeben sich recht konkrete ethische Folgerungen, die der Epheserbrief im zweiten Teil benennt.

Ein bekanntes Bild für die Gemeinde taucht hier auf: Christus ist das Haupt, die Christen sind die Glieder des Leibes. Wir müssen immer wieder daran erinnert werden, dass nicht wir Menschen Mitte und Zentrum der Gemeinde sind, sondern Jesus Christus. Wir haben die Tendenz, Menschen besondere Ehre und Wichtigkeit zuzusprechen, die sich besonders engagieren. Sei es, dass sie sehr viel Zeit investieren oder besondere Fähigkeiten einsetzen oder besonders viel Geld. Es ist zweifellos wichtig, dass es Menschen gibt, die sich in die Gemeindearbeit einbringen. Genauso wichtig ist es, sich immer wieder vor Augen zu halten, dass Wohl und Wehe der Gemeinde nicht nur von meiner Leistungsbereitschaft und meinem Einsatz abhängen. In erster Linie steht und fällt Gemeinde mit Jesus Christus selbst, denn er ist ihr Haupt. Das christliche Wort dafür lautet Demut.

Eine weitere sehr wesentliche Konsequenz aus dem ersten Teil ist der Umgang miteinander. Wer zum Glauben findet, zieht den alten Menschen aus und Christus an. Das bedeutet, dass plötzlich andere Dinge wichtiger sind als das eigene Wohlergehen und der eigene Vorteil. Das Leben hat eine neue Zielrichtung. Es ist nicht mehr nur bezogen auf sich selbst und den eigenen Vorteil. Das Leben gewinnt Tiefe und Fülle in der Bezogenheit auf andere. Das äußert sich ganz konkret in der Hausgemeinschaft. Sie funktioniert, wenn sich alle einander unterordnen, also nicht den eigenen Vorteil suchen, sondern den Vorteil der Menschen, mit denen man zusammenlebt. Schließlich hat der Glaube konkrete Auswirkungen auf das gesellschaftliche Zusammenleben. Es gibt die geistliche Waffenrüstung, die zum Frieden, zur Wahrheit und zur Gerechtigkeit führt.

Zusammengefasst kann man sagen: Der Glaube führt heraus aus der Angst, die zerstörerisch und trennend wirkt. Denn aus Angst versucht man sich gegen alle Ungewissheiten des Lebens abzusichern. Angst führt immer zu einer Gegnerschaft, die eigentlich nicht notwendig wäre.

Der Glaube befreit aus der Gefangenschaft der Angst, indem er auf das Vertrauen setzt. Man darf darauf vertrauen, dass die Zukunft gut werden wird, denn Gott gönnt allen Menschen das Leben. Er will, dass wir zueinanderfinden und füreinander da sind.

- **Wovor haben Sie Angst? Was setzen Sie der Angst entgegen?**

Im Epheserbrief sind mehrere Passagen als Gebete oder Zusprüche formuliert. Am Anfang und Ende des Briefes werden den Lesern Frieden und Gnade zugesprochen. Am Ende des lehrhaften Teils steht eine Fürbitte (3,14-21) und am Ende des ermahnenden Teils ein Aufruf zu einer Fürbitte für den Apostel (6,18-20). Das zeigt, in welcher Haltung dieser Brief geschrieben ist. Das Gebet ist nicht nur dazu da, Gott seine Wünsche und Anliegen zu nennen. Es ist auch ein ständiges Fragen nach dem richtigen Weg für das eigene Leben. Gebet bedeutet also auch, sich selbst und die eigenen Motive zu hinterfragen. Es ist ein Stück Relativierung der eigenen Gewissheiten vor Gott, der einen viel besseren Überblick über das Leben hat.

- **Teilen Sie Gebetsanliegen und beten Sie füreinander! Sie können das auch in kleineren Gruppen mit jeweils drei bis vier Personen tun.**

Hier ist Platz für Ihre eigenen Notizen